Eselsbrückengriechisch

Dimitrios Livadiotis

Eselsbrückengriechisch

Das *Hilfe,-ich-kann-kein-Griechisch!*-Wörterbuch

Deutsch – Eselsbrückengriechisch
Eselsbrückengriechisch – Deutsch

wunderbar illustriert von
Frank Benkowitz

Edition Tintenfaß

69239 Neckarsteinach
Tel. / Fax: +49 – 62 29 – 23 22
www.verlag-tintenfass.de
info@verlag-tintenfass.de

Satz: Philipp J. Sauer

Druck: Danuvia Druckhaus Neuburg GmbH

ISBN 3-937467-29-7
ISBN 978-3-937467-29-0

Ausgedacht und geschrieben für den kleinen schwäbischen Sonnenschein

Inhalt

Hilfe, ich kann (ja) Griechisch! … 9

blätter&plapper 10

Erster Teil: Deutsch – Eselsbrückengriechisch 15

Zweiter Teil: Eselsbrückengriechisch – Deutsch 87

Hilfe, ich kann (ja) Griechisch! …

… wirst Du, liebe/r Leser/in, bestimmt gleich nach dem Lesen der ersten Seiten dieses Buches denken. Ja, Du hast richtig gelesen: auch wenn Du es vielleicht zunächst nicht glauben magst, Du kannst tatsächlich Griechisch!

Obwohl Du Dich (möglicherweise) bislang mit dieser Sprache noch nie auseinandergesetzt hast. Mit Ausnahme vielleicht beim Studieren der Speisekarte des „Griechen um die Ecke“ oder anlässlich eines Sommerurlaubs an der Ägäis.

Dort trifft man vereinzelt noch Esel an, die noch immer als zähe und zuverlässige Lasttiere geschätzt werden, während hierzulande diese possierlichen Tierchen nur noch im Zoo oder im Zirkus zu sehen sind und vom Volksmund oder in Fabeln – zu Unrecht – als dumm, faul, störrisch und stur beschrieben werden.

Angeblich aus Sturheit, tatsächlich aber aufgrund ihrer Scheu vor fließendem Wasser, das sie als ursprüngliche Wüstentiere nicht kannten, weigerten sich Esel vielfach beharrlich, auch kleinste Wasserläufe zu durchwaten. Daher baute man für sie kleine Brücken, um auf diese Weise mit ihnen doch noch ans Ziel zu gelangen. Die Eselsbrücke war geboren.

Nach dem Prinzip der Eselsbrücke möchte das Buch ebenfalls die Scheu vor dem Lernen der unbekannten griechischen Sprache nehmen: ausgehend von allgemein bekannten Fremdwörtern altgriechischen Ursprungs im Deutschen werden im heutigen Neugriechisch gebräuchliche Wörter abgeleitet. Eselsbrückengriechisch ist also keine neue Sprache, sondern der unkonventionelle Weg zum assoziativen Lernen einer neuen Sprache.

Das Buch ist daher kein herkömmliches Wörterbuch. Die den deutschen Stichwörtern genau entsprechenden griechischen Wörter sind nicht aufgeführt. In vielen Fällen sind sie ohnehin identisch, wie z.B. Aroma, Drama, Mythos, Pathos, Therapie usw., und sind deshalb nicht berücksichtigt worden.

Obwohl das Buch fast ausschließlich aus Fremdwörtern besteht, ist es aber auch kein klassisches Fremdwörterbuch. Denn es erklärt diese und ihre Herkunft nicht.

Schwierige Fachbegriffe altgriechischen Ursprungs, von denen es in allen Wissenschaften nur so wimmelt, wurden ebenfalls bewusst weggelassen. Es werden nur (Fremd)Wörter aufgeführt, die aus unserer täglichen Sprache nicht mehr wegzudenken sind. Das Buch erhebt somit auch keinen wissenschaftlichen Anspruch. Sonst wäre es nämlich mindestens zehnmal so dick geworden.

Es möchte vielmehr den Spaß am Griechischlernen wecken und Menschen – wie eine (Esels)Brücke – helfen, (sprachliche) Hindernisse zu überwinden und zueinander zu finden.

6. Dezember 2006 — Dimitrios Livadiotis

BLÄTTER&PLAPPER

Was bei einem Computer die plug&play-Funktion ist, sollte bei einem Wörterbuch das blätter&plapper-Prinzip sein: ohne sich mühsam und zeitraubend durch umfangreiche grammatikalische Hinweise und solche zur Benutzung des Nachschlagewerks sowie einer Lautschrift durchackern zu müssen, sollten Leserin und Leser schnell und unkompliziert schon nach nur wenigem Blättern bereits einige Wörter der fremden Sprache gelernt haben und „plappern" können.

Dieses Buch funktioniert nach diesem Prinzip.

Um auf Griechisch „losplappern" zu können, ist allerdings – im Unterschied etwa zu Englisch, Italienisch, Spanisch oder Französisch – erforderlich, zunächst die andersartigen griechischen Buchstaben zu lernen, damit man Griechisch überhaupt erst lesen kann. Für den Gebrauch dieses Buches genügt es jedoch, nur vier der vierundzwanzig Buchstaben des griechischen Alphabets zu können. Blätter&plapper eben!

(Die eilige Leserin und der eilige Leser können also ruhigen Gewissens die folgenden Ausführungen und die nächsten zwei Tabellen überspringen.)

Nachdem Du liebe/r Leser/in aber schon Griechisch kannst, kennst Du auch bereits die meisten der übrigen zwanzig Buchstaben.

Aus deutscher Sicht lassen sich die Großbuchstaben des griechischen Alphabets in folgende vier Kategorien einteilen:

1. Buchstaben, die im Deutschen und Griechischen gleich aussehen und gleich ausgesprochen werden: **A**, **E**, **I**, **K**, **M**, **N**, **O**, **T**, **Y**
2. Buchstaben, die im Deutschen und Griechischen gleich aussehen, aber im Griechischen anders ausgesprochen werden (in Klammern die Aussprache):
   B (W), **Z** (stimmhaftes „s" wie in „Riese"), **H** (I), **P** (R), **X** (H)
3. Buchstaben, die nur im Griechischen existieren, deren Aussprache aber aus dem Deutschen bekannt ist: **Λ** (L), **Ξ** (X), **Π** (P), **Σ** (S), **Φ** (F), **Ω** (O) und schließlich
4. Buchstaben, die nur im Griechischen mit besonderer Aussprache existieren:
   Γ (j wie in „ja"), **Δ** (stimmhaftes „th" wie im englischen „the"), **Θ** (stimmloses „th" wie im englischen „think"), **Ψ** (ps wie in „Psyche").

Zusammen mit den Kleinbuchstaben und in richtiger Reihenfolge sieht das griechische Alphabet folgendermaßen aus:

Großbuchstabe	**Kleinbuchstabe**	**Aussprache**
Α (griechischer Name: álfa)	**α**	**a**
Β (wíta)	**β**	**w**
Γ (γáma)	**γ**	**j** wie in „ja“
Δ (δélta)	**δ**	**stimmhaftes „th“** wie im englischen „the“
Ε (épsilon)	**ε**	**e**
Ζ (ζíta)	**ζ**	**stimmhaftes „s“** wie in „Riese“
Η (íta)	**η**	**i**
Θ (θíta)	**θ**	**stimmloses „th“** wie im englischen „think“
Ι (jóta)	**ι**	**i**
Κ (kápa)	**κ**	**k**
Λ (lámbδa)	**λ**	**l**
Μ (mi)	**μ**	**m**
Ν (ni)	**ν**	**n**
Ξ (xi)	**ξ**	**x**
Ο (ómikron)	**ο**	**o**
Π (pi)	**π**	**p**
Ρ (ro)	**ρ**	**r**
Σ (síγma)	**σ** (am Wortende: **ς**)	**stimmloses „s“** wie in „lassen“
Τ (taf)	**τ**	**t**
Υ (ípsilon)	**υ**	**i**
Φ (fi)	**φ**	**f**
Χ (hi)	**χ**	**h**
Ψ (psi)	**ψ**	**ps** wie in „Psyche“
Ω (oméγa)	**ω**	**o**

Daneben existieren folgende dreizehn Buchstabenverbindungen:

Buchstabenverbindung		Aussprache
Großbuchstaben	**Kleinbuchstaben**	
AI	αι	**e**
AΥ	αυ	**af** vor Θ, θ/Ξ, ξ/Σ, σ/Τ, τ/Χ, χ **aw** vor Γ, γ/Λ, λ/Ν, ν/Ρ, ρ
EI	ει	**i**
EΥ	ευ	**ef** vor Θ, θ/Ξ, ξ/Σ, σ/Τ, τ/Χ, χ **ew** vor Γ, γ/Λ, λ/Ν, ν/Ρ, ρ
OI	οι	**i**
OΥ	ου	**u**
ΓΓ	γγ	**ng** wie in „Angelika“
ΓΚ	γκ	**g** am Wortanfang **ng** wie in „Angelika“ im Wortinne-ren
ΓΧ	γχ	**ngh** wie in „Bronchitis“
ΜΠ	μπ	**b** am Wortanfang **mb** im Wortinneren
ΝΤ	ντ	**d** am Wortanfang **nd** im Wortinneren
ΤΖ	τζ	**dz** wie in „Edzard“
ΤΣ	τσ	**z**

Die vier Buchstaben, die man auf jeden Fall kennen muss, um das ganze Buch lesen zu können sind:

Großbuchstabe	**Kleinbuchstabe**	**Aussprache**
Γ (griechischer Name: γáma)	**γ**	**j** wie in „ja“
Δ (δélta)	**δ**	**stimmhaftes „th“** wie im englischen „the“
Ζ (ζíta)	**ζ**	**stimmhaftes „s“** wie in „Riese“
Θ (θíta)	**θ**	**stimmloses „th“** wie im englischen „think“

Aufgrund ihrer besonderen Schreibweise und Aussprache wurden sie bei der Darstellung der Aussprache der neugriechischen Wörter als einzige nicht in lateinische Buchstaben umgewandelt.

Anhand des folgenden Beispiels soll der Aufbau der einzelnen Stichwörter erläutert werden:

Astronaut[1)] ἀστρο[2)], n[3)], ástro[4)], Stern/Star[5)]

1) deutsches Stichwort
2) abgeleitetes neugriechisches Wort in griechischen Buchstaben
3) Wortart bzw. Geschlecht des griechischen Wortes; es werden folgende Abkürzungen verwendet:
   - aj Adjektiv
   - av Adverb
   - m Substantiv, männlich, Artikel: o
   - n Substantiv, neutral, Artikel: to (το)
   - nu Numeral
   - p Präposition
   - pl Plural
   - pn Pronomen
   - v Verb
   - w Substantiv, weiblich, Artikel: i (η)
4) Aussprache des griechischen Wortes in lateinischen Buchstaben; der Akzent zeigt an, welcher Buchstabe zu betonen ist
5) deutsche Übersetzung des griechischen Wortes

Viel Spaß beim Blättern&Plappern!

Erster Teil

Deutsch – Eselsbrückengriechisch

A

Aerodynamik aerodynamisch	αέρας, m, aéras, Luft/Wind αερίζω, v, aeríζo, lüften αεροπλάνο, n, aeropláno, Flugzeug αεροδρόμιο, n, aeroδrómio, Flughafen δύναμη, w, δínami, Kraft/Macht/Potenz δυνατός, aj, δinatós, stark/kräftig/möglich/laut
Agathe	αγαθός, aj, aγaθós, gutmütig,-herzig/naiv αγαθό, n, aγaθó, Habe (n)/Gut (n)
Agnes	αγνός, aj, aγnós, rein
Agrarpolitik	αγρός, m, aγrós, Feld/Acker αγρότης, m, aγrótis, Bauer/Landwirt άγριος, aj, áγrios, wild/rau πόλη, w, póli, Stadt πολίτης, m, polítis, Bürger/Zivilist πολιτισμός, m, politismós, Kultur/Zivilisation
Akkord Akkordeon	χορδή, w, horδí, Saite/Sehne κορδέλα, w, korδéla, Band/Bandmaß/Schleife κορδόνι, n, korδóni, Schnur/Schnürsenkel
akribisch	ακρίβεια, w, akríwia, Genauigkeit/Teuerung ακριβός, aj, akriwós, teuer/lieb ακριβώς, av, akriwós, genau άκρη, w, ákri, Ende/Rand/Spitze/Ecke
Akrobat Akrobatik akrobatisch	άκρη, w, ákri, Ende/Rand/Spitze/Ecke ακρίβεια, w, akríwia, Genauigkeit/Teuerung ακριβός, aj, akriwós, teuer/lieb ακριβώς, av, akriwós, genau βάση, w, wássi, Basis/Grundlage/Fundament/Sockel/Stützpunkt
Akustik akustisch	ακούω, v, akúo, hören ακουστικό, n, akustikó, (Kopf)Hörer
Alexander Alexandra	άνδρας, m, ánδras, Mann
Allergie Allergiker allergisch	άλλος, aj, álos, anderer έργο, n, érγo, Werk/Tat/Aufgabe/Film/Arbeit εργασία, w, erγassía, Arbeit/Tätigkeit εργάζομαι, v, erγáζome, arbeiten/funktionieren εργάτης, m, erγátis, Arbeiter

↪	εργοστάσιο, n, eryostássio, Fabrik/Werk
Amalgam	μαλακός, aj, malakós, weich/mild
Amethyst	μεθώ, v, meθó, betrunken machen/sich betrinken/sich berauschen
	μεθύσι, n, meθíssi, Trunkenheit/Rausch
	μεθυσμένος, aj, meθisménos, betrunken
Amphibie	βίος, m, wíos, Leben
Amphore	φορά, w, forá, Mal (Zeitpunkt)
	φορώ, v, foró, anziehen/tragen
	φόρος, m, fóros, Steuer/Gebühr
	φόρεμα, n, fórema, Kleid/Kleidungsstück
	φορτώνω, v, fortóno, (be)laden/aufbürden
	φορτηγό, n, fortiyó, Lastwagen/Frachter
	φέρνω, v, férno, bringen/holen
	φέρετρο, n, féretro, Sarg
analog Analogie	λόγος, m, lóyos, Wort/Rede/Grund
Analyse analysieren Analysis Analyst	λύση, w, líssi, (Auf)Lösung/Entscheidung λύνω, v, líno, (auf)lösen/losbinden/zerlegen
Anämie	αίμα, n, éma, Blut
Anarchie anarchisch	αρχή, w, archí, Anfang/Beginn/Prinzip/Grundsatz/Behörde αρχίζω, v, archízo, anfangen/beginnen
Anastasia	ανάσταση, w, anástassi, Auferstehung
	στάση, w, stássi, Halt(estelle)/Stillstand/(Ein)Stellung/Haltung/Aufstand
	σταθμός, m, staθmós, Bahnhof/Sender/Station/Etappe
	σταματώ, v, stamató, stoppen/aufhören/anhalten/abschalten
	κατάστημα, n, katástima, Geschäft(sstelle)/Filiale/Laden
	κατάσταση, w, katástassi, Zustand/Lage/Status/Situation
	στάδιο, n, stáδio, Stadion/Stadium
	στέκομαι, v, stékome, stehen/stehen bleiben/sich hinstellen/(still)halten
	ιστός, m, istós, Mast/Gewebe
	ιστοσελίδα, w, istosselíδa, Internetseite
Anästhesie	αίσθημα, n, ésθima, Gefühl/Empfindung
	αισθάνομαι, v, esθánome, (sich) fühlen/(be)merken/empfinden

Anatomie	τομή, w, tomí, Schnitt(punkt)/Zäsur τόμος, m, tómos, Band (m)
Andrea Andreas	άνδρας, m, ánδras, Mann
Anemone	άνεμος, m, ánemos, Wind ανεμόμυλος, m, anemómilos, Windmühle ανεμιστήρας, m, anemistíras, Ventilator
Angela Angelika	άγγελος, m, ángelos, Engel αγγελία, w, angelía, Meldung/Nachricht/Bekanntmachung/Anzeige/Annonce αναγγέλω, v, anangélo, bekannt geben/ankündigen
Anker	άγκυρα, w, ángira, Anker αγκαλιά, w, angaliá, Umarmung αγκαλιάζω, v, angaliáζo, umarmen αγκώνας, m, angónas, Ellbogen αγκύστρι, n, angístri, Angelhaken
Anode	οδός, w, oδós, Straße/Weg οδηγώ, v, oδiγó, führen/fahren/anleiten οδηγός, m, oδiγós, Führer/Fahrer οδηγία, w, oδiγía, Anweisung/Anleitung
anonym Anonymität	όνομα, n, ónoma, Vorname ονοματεπώνυμο, n, onomatepónimo, Vor- und Nachname επώνυμο, n, epónimo, Nachname
anorganisch	όργανο, n, órγano, Organ/Instrument/Apparat οργάνωση, w, orγánossi, Organisation οργανώνω, v, orγanóno, organisieren οργανισμός, m, orγanismós, Organisation/Organismus
Antarktis	αρκούδα, w, arkúδa, Bär
Anthologie	άνθος, n, ánθos, Blüte ανθίζω, v, anθíζo, blühen ανθοδέσμη, w, anθoδésmi, Blumenstrauß λόγος, m, lóγos, Wort/Rede/Grund
Anthrax Anthrazit	άνθρακας, m, ánθrakas, Kohle/Kohlenstoff ανθρακικό, n, anθrakikó, Kohlensäure
Anthropologe Anthropologie	άνθρωπος, m, ánθropos, Mensch λόγος, m, lóγos, Wort/Rede/Grund
Antibiotikum	αντί, p, andí, (an)statt/gegen βίος, m, wíos, Leben

Antichrist	αντί, p, andí, (an)statt/gegen
	χρίζω, v, hrízo, salben/einschmieren
	Χριστός, m, hristós, Christus
	χριστιανός, aj, hristianós, Christ
	Χριστούγεννα, n/pl, hristúγena, Weihnachten
antidemokratisch	αντί, p, andí, (an)statt/gegen
	δήμος, m, δímos, Stadt
	δημόσιος, aj, δimóssios, öffentlich
	δημοσιεύω, v, δimossiéwo, veröffentlichen
	κρατώ, v, krató, (be-, fest-, aus)halten/(auf)bewahren
	κράτος, n, krátos, Staat
	κρατικός, aj, kratikós, staatlich
Antigen	αντί, p, andí, (an)statt/gegen
	γεννώ, v, γenó, gebären/hervorrufen
	γενιά, w, γeniá, Geschlecht/Generation/Stamm/Rasse
	γένος, n, γénos, Geschlecht/Herkunft/Abstammung
	γενέθλια, n/pl, γenéθlia, Geburtstag
	γέννηση, w, γénissi, Geburt/Entstehung
	Χριστούγεννα, n/pl, hristúγena, Weihnachten
	γεννιέμαι, v, γeniéme, geboren werden/entstehen
	γίνομαι, v, γínome, werden/entstehen/geschehen/stattfinden
	γενικός, aj, γenikós, allgemein
	ευγενικός, aj, ewγenikós, höflich/liebenswürdig
Antithese	αντί, p, andí, (an)statt/gegen
	θέση, w, θéssi, Lage/Platz/Sitz
	θέτω, v, θéto, setzen/stellen/legen/stecken
	θετικός, aj, θetikós, positiv
antizyklisch	αντί, p, andí, (an)statt/gegen
	κύκλος, m, kíklos, Kreis/Zyklus
	Κυκλάδες, w/pl, kikláδes, Kykladen
	κυκλοφορώ, v, kikloforó, umhergehen/kreisen/umlaufen
	κυκλοφορία, w, kikloforía, Verkehr/Umlauf
Aphrodisiakum	αφρός, m, afrós, Schaum
Apokalypse	από, p, apó, von/aus/durch/seit/ab
	καλύπτω, v, kalípto, (ver-, be)decken
	καλύβα, w, kalíwa, Hütte/Baracke
Apostel	από, p, apó, von/aus/durch/seit/ab
	στέλνω, v, stélno, senden/schicken
	στόλος, m, stólos, Flotte

↪	στολή, w, stolí, Uniform/Tracht
	στολίζω, v, stolízo, schmücken
	αποστολή, w, apostolí, (Ver)Sendung/Mission/Aufgabe/Expedition
Apostroph	από, p, apó, von/aus/durch/seit/ab
	στροφή, w, strofí, Kurve/Drehung/Wende/Strophe
	στρίβω, v, stríwo, drehen/abbiegen
	στρέφω, v, stréfo, drehen/wenden
	στραβός, aj, strawós, schief/falsch/blind/krumm
	στρόβιλος, m, strówilos, Wirbel/Strudel/Wirbelwind/Turbine
Apotheke	από, p, apó, von/aus/durch/seit/ab
Apotheker	θήκη, w, θíki, Kiste/Etui/Hülle/Scheide (Schwert)/Fach
	αποθήκη, w, apoθíki, Lager/Keller/Speicher
Archaik	αρχή, w, archí, Anfang/Beginn/Prinzip/Grundsatz/Behörde
archaisch	αρχίζω, v, archízo, anfangen/beginnen
	αρχαίος, aj, archéos, alt/antik
Archäologe	αρχαίος, aj, archéos, alt/antik
Archäologie	αρχή, w, archí, Anfang/Beginn/Prinzip/Grundsatz/Behörde
archäologisch	αρχίζω, v, archízo, anfangen/beginnen
	λόγος, m, lóγos, Wort/Rede/Grund
Archipel	αρχή, w, archí, Anfang/Beginn/Prinzip/Grundsatz/Behörde
	αρχίζω, v, archízo, anfangen/beginnen
	πέλαγος, n, pélaγos, Meer
Architekt	αρχή, w, archí, Anfang/Beginn/Prinzip/Grundsatz/Behörde
architektonisch	αρχίζω, v, archízo, anfangen/beginnen
Architektur	τέχνη, w, téchni, Kunst/Handwerk/Kniff
	τεχνητός, aj, technitós, künstlich
Archiv	αρχή, w, archí, Anfang/Beginn/Prinzip/Grundsatz/Behörde
Archivar	αρχίζω, v, archízo, anfangen/beginnen
archivarisch	αρχείο, n, archío, Archiv/Datei
archivieren	
Argon	αργός, aj, arγós, langsam/untätig
	αργότερα, av, arγótera, später
Aristokrat	άριστος, aj, áristos, ausgezeichnet
Aristokratie	αριστερά, av/w, aristerá, links/Linke (Politik)
aristokratisch	κρατώ, v, krató, (be-, fest-, aus)halten/(auf)bewahren
	κράτος, n, krátos, Staat
	κρατικός, aj, kratikós, staatlich

Arithmetik arithmetisch	αριθμός, m, ariθmós, Zahl/Nummer/Ziffer
Arktis	αρκούδα, w, arkúδa, Bär
Arnika	αρνί, n, arní, Schaf
Arsen	αρσενικός, aj, arssenikós, männlich/maskulin
Arthritis Arthrose	άρθρο, n, árθro, Artikel/Gelenk
Asbest	σβήνω, v, swíno, löschen σβηστήρα, w, swistíra, Radiergummi
Askese Asket asketisch	άσκηση, w, áskissi, (Aus)Übung/Manöver ασκώ, v, askó, (aus)üben/ausbilden
Asphalt	σφάλμα, n, sfálma, Fehler ασφάλεια, w, asfália, Sicherheit/Versicherung/Sicherung ασφάλιση, w, asfálissi, Sicherung/Versicherung ασφαλίζω, v, asfalíζo, (ver)sichern
Aspik	ασπίδα, w, aspíδa, Schild/Natter
Aster	αστέρι, n, astéri, Stern/Star άστρο, n, ástro, Stern/Star αστροναύτης, m, astronáftis, Astronaut/Raumfahrer
Asteroid	αστέρι, n, astéri, Stern/Star άστρο, n, ástro, Stern/Star αστροναύτης, m, astronáftis, Astronaut/Raumfahrer είδος, n, íδos, Art/Artikel ιδέα, w, iδéa, Idee/Ansicht/Vorstellung ειδικός, aj/m, iδikós, besonderer, spezieller/Fachmann, Experte, Spezialist είδηση, w, íδissi, Nachricht/Meldung είδωλο, n, íδolo, Götzenbild/Idol ειδύλλιο, n, iδílio, Idyll(e)
Ästhet Ästhetik ästhetisch	αίσθημα, n, ésθima, Gefühl/Empfindung αισθάνομαι, v, esθánome, (sich) fühlen/(be)merken/empfinden
Astrologe Astrologie astrologisch	άστρο, n, ástro, Stern/Star αστέρι, n, astéri, Stern/Star αστροναύτης, m, astronáftis, Astronaut/Raumfahrer λόγος, m, lóγos, Wort/Rede/Grund

Astronaut	άστρο, n, ástro, Stern/Star αστέρι, n, astéri, Stern/Star ναύτης, m, náftis, Matrose/Seemann ναυτιλία, w, naftilía, Schifffahrt
Astronom Astronomie astronomisch	άστρο, n, ástro, Stern/Star αστέρι, n, astéri, Stern/Star αστροναύτης, m, astronáftis, Astronaut/Raumfahrer νόμος, m, nómos, Gesetz/Regel νομική, w, nomikí, Rechtswissenschaft/Jura νομοθεσία, w, nomoθessía, Gesetzgebung νόμισμα, n, nómisma, Währung/Münze νομός, m, nomós, Präfektur νομίζω, v, nomízo, denken/glauben
Astrophysik	άστρο, n, ástro, Stern/Star αστέρι, n, astéri, Stern/Star αστροναύτης, m, astronáftis, Astronaut/Raumfahrer φύση, w, físsi, Natur/Wesen/Beschaffenheit φυτό, n, fitó, Pflanze/Gewächs φυτεύω, v, fitéwo, (be-, ein)pflanzen φυτρώνω, v, fitróno, sprießen/keimen/wachsen/auftauchen
Asymmetrie asymmetrisch	συν, p, sin, plus μέτρο, n, métro, Meter/(Vers)Maß/Maßnahme μετρώ, v, metró, (ab)messen/zählen μέτριος, aj, métrios, mittlerer/mittelgroß/mittelmäßig
asynchron	χρόνος, m, hrónos, Zeit/Jahr/Takt σύγχρονος, aj, sínhronos, gleichzeitig/heutig/modern
Äthan	αίθουσα, w, éθussa, Raum/Saal αίθριος, aj, éθrios, heiter
Atheismus Atheist atheistisch	Θεός, m, θeós, Gott θεϊκός, aj, θeïkós, göttlich
Äther	αίθουσα, w, éθussa, Raum/Saal αίθριος, aj, éθrios, heiter
Athlet Athletik athletisch	αθλητής, m, aθlitís, Sportler/Athlet αθλητισμός, m, aθlitismós, Sport
Atmosphäre	ατμός, m, atmós, Dampf ατμομηχανή, w, atmomichaní, Dampfmaschine σφαίρα, w, sféra, Kugel/Bereich

↪	ποδόσφαιρο, n, poδósfero, Fußball
Atom	τομή, w, tomí, Schnitt(punkt)/Zäsur
	τόμος, m, tómos, Band (m)
Atomenergie	τομή, w, tomí, Schnitt(punkt)/Zäsur
	τόμος, m, tómos, Band (m)
	εντός, p, endós, in/innerhalb
	έργο, n, éryo, Werk/Tat/Aufgabe/Film/Arbeit
	εργασία, w, eryassía, Arbeit/Tätigkeit
	εργάζομαι, v, eryázome, arbeiten/funktionieren
	εργάτης, m, eryátis, Arbeiter
	εργοστάσιο, n, eryostássio, Fabrik/Werk
atypisch	τύπος, m, típos, Typ/Form/Muster/Presse
	τυπικός, aj, tipikós, förmlich/typisch
	τυπώνω, v, tipóno, drucken/prägen
	τύψη, w, típsi, Gewissensbiss
Aula	αυλή, w, awlí, Hof
	αυλαία, w, awléa, Vorhang
Auto	αυτός, pn, aftós, dieser/er
	αυτοκίνητο, n, aftokínito, Auto
	εαυτός, pn, eaftós, ich selbst
Autobiograf Autobiografie autobiografisch	αυτός, pn, aftós, dieser/er
	αυτοκίνητο, n, aftokínito, Auto
	εαυτός, pn, eaftós, ich selbst
	βίος, m, wíos, Leben
	γράφω, v, γráfo, (auf)schreiben
	γραφή, w, γrafí, Schrift/Schreiben
	γραφείο, n, γrafío, Schreibtisch/Büro/Amt
	γραφειοκρατία, w, γrafiokratía, Bürokratie
	γραφομηχανή, w, γrafomichaní, Schreibmaschine
	γράμμα, n, γráma, Buchstabe/Brief
	γραμμή, w, γramí, Linie/Strich/Zeile/Reihe/Verbindung
Autodidakt autodidaktisch	αυτός, pn, aftós, dieser/er
	αυτοκίνητο, n, aftokínito, Auto
	εαυτός, pn, eaftós, ich selbst
	διδάσκω, v, διδásko, lehren/unterrichten
	δάσκαλος, m, δáskalos, Lehrer
Autogramm	αυτός, pn, aftós, dieser/er
	αυτοκίνητο, n, aftokínito, Auto
	εαυτός, pn, eaftós, ich selbst

↪	γράφω, v, γráfo, (auf)schreiben γραφή, w, γrafí, Schrift/Schreiben γραφείο, n, γrafío, Schreibtisch/Büro/Amt γραφειοκρατία, w, γrafiokratía, Bürokratie γραφομηχανή, w, γrafomichaní, Schreibmaschine γράμμα, n, γráma, Buchstabe/Brief γραμμή, w, γramí, Linie/Strich/Zeile/Reihe/Verbindung
Automat Automatik automatisch	αυτός, pn, aftós, dieser/er αυτοκίνητο, n, aftokínito, Auto εαυτός, pn, eaftós, ich selbst αυτόματος, aj, aftómatos, automatisch αυτόματο, n, aftómato, Automat/Maschinengewehr
autonom Autonomie	αυτός, pn, aftós, dieser/er αυτοκίνητο, n, aftokínito, Auto εαυτός, pn, eaftós, ich selbst νόμος, m, nómos, Gesetz/Regel νομική, w, nomikí, Rechtswissenschaft/Jura νομοθεσία, w, nomoθessía, Gesetzgebung νόμισμα, n, nómisma, Währung/Münze νομός, m, nomós, Präfektur νομίζω, v, nomízo, denken/glauben

B

Banause	βάναυσος, aj, wánafsos, grob/ungehobelt
Baptist	βαφτίζω, v, waftízo, taufen βάφω, v, wáfo, färben/streichen
Bar (Maßeinheit)	βάρος, n, wáros, Gewicht/Last/Schwere βαρύς, aj, warís, schwer/tief/stark βαράω, v, waráo, schlagen/prügeln/verwunden/erlegen
Barbar Barbara Barbarei barbarisch	βάρβαρος, aj/m, wárwaros, barbarisch/Barbar
Bariton	βάρος, n, wáros, Gewicht/Last/Schwere βαρύς, aj, warís, schwer/tief/stark βαράω, v, waráo, schlagen/prügeln/verwunden/erlegen

↪	τόνος, m, tónos, Ton/Nachdruck/Schwung/Spannung/Akzent τονώνω, v, tonóno, stärken/kräftigen τονίζω, v, tonízo, betonen
Barometer	βάρος, n, wáros, Gewicht/Last/Schwere βαρύς, aj, warís, schwer/tief/stark βαράω, v, waráo, schlagen/prügeln/verwunden/erlegen μέτρο, n, métro, Meter/(Vers)Maß/Maßnahme μετρώ, v, metró, (ab)messen/zählen μέτριος, aj, métrios, mittlerer/mittelgroß/mittelmäßig
Basilika Basilikum	βασιλιάς, m, wassiliás, König βασιλικός, aj/m, wassilikós, königlich/Basilikum
Bastian	σεβαστός, aj, sewastós, respektabel/anerkennenswert σεβασμός, m, sewasmós, Achtung/Respekt/Ehrfurcht σέβομαι, v, séwome, respektieren/achten/(ver)ehren
Berber	βάρβαρος, aj/m, wárwaros, barbarisch/Barbar
Bezirk	τσίρκο, n, tsírko, Zirkus κρίκος, m, kríkos, Ring/Reifen/(Binde)Glied
Bibel	βιβλίο, n, wiwlío, Buch βίβλος, w, wíwlos, Bibel
Bibliothek Bibliothekar	βιβλίο, n, wiwlío, Buch βίβλος, w, wíwlos, Bibel θήκη, w, θíki, Kiste/Etui/Hülle/Scheide (Schwert)/Fach
biblisch	βιβλίο, n, wiwlío, Buch βίβλος, w, wíwlos, Bibel
Biochemie biochemisch	βίος, m, wíos, Leben χύμα, av, híma, lose χυμός, m, himós, Saft χύτρα, w, hítra, Kochtopf χύνω, v, híno, (aus-, ver)gießen/(aus-, ver)schütten
Biograf Biografie biografisch	βίος, m, wíos, Leben γράφω, v, γráfo, (auf)schreiben γραφή, w, γrafí, Schrift/Schreiben γραφείο, n, γrafío, Schreibtisch/Büro/Amt γραφειοκρατία, w, γrafiokratía, Bürokratie γραφομηχανή, w, γrafomichaní, Schreibmaschine γράμμα, n, γráma, Buchstabe/Brief γραμμή, w, γramí, Linie/Strich/Zeile/Reihe/Verbindung

Biologe Biologie biologisch	βίος, m, wíos, Leben λόγος, m, lóγos, Wort/Rede/Grund
Biomasse	βίος, m, wíos, Leben μάζα, w, máζa, Masse μαζί, av, maζí, zusammen μαζεύω, v, maζéwo, (auf-, ein)sammeln
Biosphäre	βίος, m, wíos, Leben σφαίρα, w, sféra, Kugel/Bereich ποδόσφαιρο, n, poδósfero, Fußball
Biotechnologie	βίος, m, wíos, Leben τέχνη, w, téchni, Kunst/Handwerk/Kniff τεχνητός, aj, technitós, künstlich λόγος, m, lóγos, Wort/Rede/Grund
Biotop	βίος, m, wíos, Leben τόπος, m, tópos, Ort/Platz/Gegend τοπίο, n, topío, Landschaft τοπικός, aj, topikós, örtlich
blamabel Blamage blamieren	βλάπτω, v, wlápto, schaden/beschädigen βλάβη, w, wláwi, Schaden (m) βλαστημώ, v, wlastimó, (ver)fluchen/lästern/beschimpfen
Blasphemie blasphemisch	βλαστημώ, v, wlastimó, (ver)fluchen/lästern/beschimpfen βλάπτω, v, wlápto, schaden/beschädigen βλάβη, w, wláwi, Schaden (m) φήμη, w, fími, Ruf/Ansehen/Gerücht
Bolide	βολίδα, w, wolíδa, Kugel βολή, w, wolí, Wurf/Schuss
Bombast bombastisch	βαμβάκι, n, wamwáki, Baumwolle
Bosporus	βόδι, n, wóδi, Rind/Ochse πόρος, m, póros, Furt/Passage/Pore
Botanik	βότανο, n, wótano, Kraut βόσκω, v, wósko, weiden βοσκός, m, woskós, Hirte
Box	πυξίδα, w, pixíδa, Kompass/Büchse/Dose
brachial Bratsche Brezel	βραχιόλι, n, wrachióli, Armband μπράτσο, n, brátso, Arm

Brom	βρομώ, v, wromó, stinken βρόμα, w, wróma, Gestank/Dreck βρομιά, w, wromiá, Dreck/Schweinerei βρόμη, w, wrómi, Hafer βρόμικος, aj, wrómikos, schmutzig/dreckig βροντώ, v, wrondó, donnern/grollen/dröhnen/poltern βροντή, w, wrondí, Donner
Buchse Büchse	πυξίδα, w, pixíδa, Kompass/Büchse/Dose
Butter	βούτυρο, n, wútiro, Butter τυρί, n, tirí, Käse

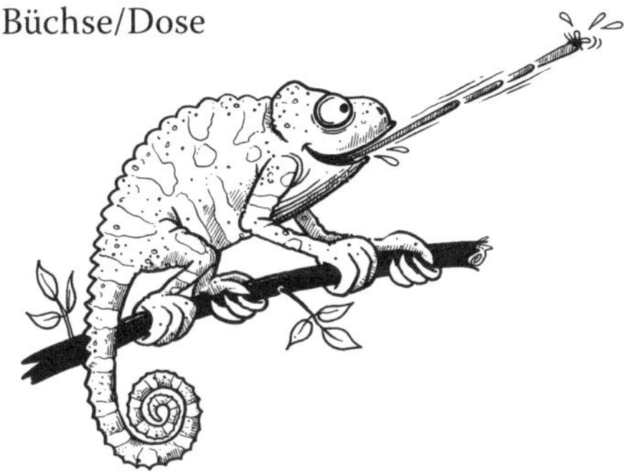

C

Cartoon	χαρτί, n, hartí, Papier/Dokument χάρτης, m, hártis, Landkarte/Charta χαρτόνι, n, hartóni, Pappe/Karton χαρτομάντηλο, n, hartomándilo, Papiertaschentuch
Castor	κάστορας, m, kástoras, Biber
Cembalo	κύπελλο, n, kípelo, Becher/Pokal κυψέλη, w, kipséli, Bienenkorb/Bienenhaus
Center	κέντρο, n, kéndro, Mittelpunkt/Zentrum κεντρικός, aj, kendrikós, zentral κεντώ, v, kendó, stechen/sticken/anstacheln
Chamäleon	χαμηλός, aj, hamilós, niedrig/tief/leise λεοντάρι, n, leondári, Löwe χαμομήλι, n, hamomíli, Kamille/Kamillentee
Chaos Chaot chaotisch	χάνω, v, háno, verlieren/verpassen/versäumen
Charakter charakterisieren Charakteristikum charakteristisch	χάρακας, m, hárakas, Lineal χαράζω, v, haráζo, (ein)kerben/(ein)gravieren/einschneiden
Charisma charismatisch	χαρά, w, hará, Freude χάρη, w, hári, Anmut/Charme/Dank/Gefallen (m)

↪	χαρίζω, v, harízo, schenken χαρούμενος, aj, harúmenos, fröhlich/froh χαίρομαι, v, hérome, sich freuen χαιρετώ, v, heretó, (be)grüßen ευχαριστώ, v, efcharistó, danken/erfreuen/zufrieden stellen/ Danke! ευχάριστος, aj, efcháristos, angenehm ευχαρίστως, av, efcharístos, gern(e)
Charta Charter chartern	χαρτί, n, hartí, Papier/Dokument χάρτης, m, hártis, Landkarte/Charta χαρτόνι, n, hartóni, Pappe/Karton χαρτομάντηλο, n, hartomándilo, Papiertaschentuch
Chemie Chemikalie Chemiker chemisch	χύμα, av, híma, lose χυμός, m, himós, Saft χύτρα, w, hítra, Kochtopf χύνω, v, híno, (aus-, ver)gießen/(aus-, ver)schütten
Chirurg Chirurgie chirurgisch	χέρι, n, héri, Hand/Arm/Henkel/Griff χειρίζομαι, v, hirízome, bedienen/handhaben/betätigen/umgehen/behandeln χειροκροτώ, v, hirokrotó, (be)klatschen/applaudieren χειρόφρενο, n, hirófreno, Handbremse
Chlor Chlorid chlorieren	χλωρός, aj, hlorós, grün
Chlorophyll	χλωρός, aj, hlorós, grün φύλλο, n, fílo, Blatt τριαντάφυλλο, n, triandáfilo, Rose τριφύλλι, n, trifíli, Klee
Cholera Choleriker cholerisch Cholesterin	χλωρός, aj, hlorós, grün χολή, w, holí, Galle
Chor	χορός, m, horós, Tanz/Ball χορωδία, w, horoδía, Chorgesang/Choral/Chor χορεύω, v, horéwo, tanzen
Choreograf Choreografie	χορός, m, horós, Tanz/Ball χορωδία, w, horoδía, Chorgesang/Choral/Chor χορεύω, v, horéwo, tanzen γράφω, v, γráfo, (auf)schreiben

↪	γραφή, w, γrafí, Schrift/Schreiben γραφείο, n, γrafío, Schreibtisch/Büro/Amt γραφειοκρατία, w, γrafiokratía, Bürokratie γραφομηχανή, w, γrafomichaní, Schreibmaschine γράμμα, n, γráma, Buchstabe/Brief γραμμή, w, γramí, Linie/Strich/Zeile/Reihe/Verbindung
Christ Christa Christentum Christian Christiane christianisieren Christina Christine christlich Christus	χρίζω, v, hrízo, salben/einschmieren Χριστός, m, hristós, Christus χριστιανός, aj, hristianós, Christ Χριστούγεννα, n/pl, hristúγena, Weihnachten
Chrom	χρώμα, n, hróma, Farbe έγχρωμος, aj, énhromos, farbig
Chromosom	χρώμα, n, hróma, Farbe έγχρωμος, aj, énhromos, farbig σώμα, n, sóma, Körper/Körperschaft/Korps/Heizkörper σωματείο, n, somatío, Verein/Verband
Chronik chronisch Chronist	χρόνος, m, hrónos, Zeit/Jahr/Takt σύγχρονος, aj, sínhronos, gleichzeitig/heutig/modern
Chronograf	χρόνος, m, hrónos, Zeit/Jahr/Takt σύγχρονος, aj, sínhronos, gleichzeitig/heutig/modern γράφω, v, γráfo, (auf)schreiben γραφή, w, γrafí, Schrift/Schreiben γραφείο, n, γrafío, Schreibtisch/Büro/Amt γραφειοκρατία, w, γrafiokratía, Bürokratie γραφομηχανή, w, γrafomichaní, Schreibmaschine γράμμα, n, γráma, Buchstabe/Brief γραμμή, w, γramí, Linie/Strich/Zeile/Reihe/Verbindung
Chronologie chronologisch	χρόνος, m, hrónos, Zeit/Jahr/Takt σύγχρονος, aj, sínhronos, gleichzeitig/heutig/modern λόγος, m, lóγos, Wort/Rede/Grund
Chrysantheme	χρυσός, aj/m, hrissós, golden/Gold άνθος, n, ánθos, Blüte

↪	ανθίζω, v, anθízo, blühen ανθοδέσμη, w, anθoδésmi, Blumenstrauß
Cineast Cinema	κινώ, v, kinó, bewegen/treiben κίνηση, w, kínissi, Bewegung/Verkehr/Betrieb κινητό, n, kinitó, Mobiltelefon/Handy κινηματογράφος, m, kinimatoγráfos, Kino ξεκινώ, v, xekinó, aufbrechen/losfahren/beginnen σινεμά, n, sinemá, Kino
Comic	κωμικός, aj/m, komikós, lustig/Komiker κωμωδία, w, komoδía, Komödie
Cord	χορδή, w, horδí, Saite/Sehne κορδέλα, w, korδéla, Band/Bandmaß/Schleife κορδόνι, n, korδóni, Schnur/Schnürsenkel
Coup	κόλπο, n, kólpo, Trick/Streich/Coup
Coupé Coupon Cup	κύπελλο, n, kípelo, Becher/Pokal κυψέλη, w, kipséli, Bienenkorb/Bienenhaus

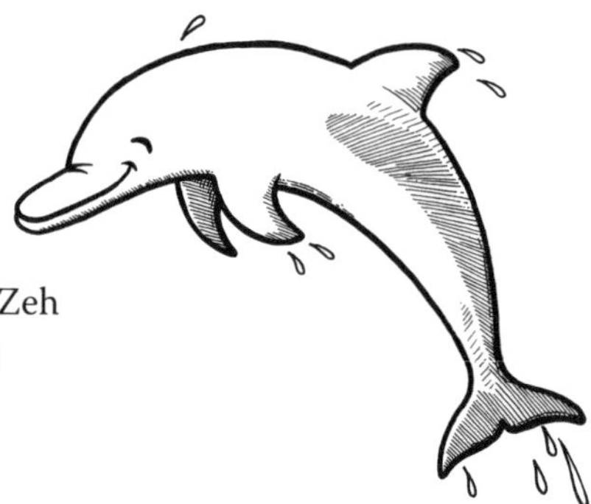

D

Dattel	δάχτυλο, n, δáchtilo, Finger/Zeh δαχτυλίδι, n, δachtilíδi, Ring
Delfin	αδελφός, m, aδelfós, Bruder αδελφή, w, aδelfí, Schwester
Demagoge	δήμος, m, δímos, Stadt δημόσιος, aj, δimóssios, öffentlich δημοσιεύω, v, δimossiéwo, veröffentlichen αγωγός, m, aγoγós, Leitung (Rohr)/Leiter (Physik)/Rohr/Rinne αγωγή, w, aγoγí, Erziehung/Verfahren/Behandlung/Klage αγώνας, m, aγónas, (Wett)Kampf/Schlacht αγωνία, w, aγonía, Besorgnis/Angst
Demografie demografisch	δήμος, m, δímos, Stadt δημόσιος, aj, δimóssios, öffentlich δημοσιεύω, v, δimossiéwo, veröffentlichen γράφω, v, γráfo, (auf)schreiben γραφή, w, γrafí, Schrift/Schreiben

↪	γραφείο, n, γrafío, Schreibtisch/Büro/Amt
	γραφειοκρατία, w, γrafiokratía, Bürokratie
	γραφομηχανή, w, γrafomichaní, Schreibmaschine
	γράμμα, n, γráma, Buchstabe/Brief
	γραμμή, w, γramí, Linie/Strich/Zeile/Reihe/Verbindung
Demokrat	δήμος, m, δímos, Stadt
Demokratie	δημόσιος, aj, δimóssios, öffentlich
demokratisch	δημοσιεύω, v, δimossiéwo, veröffentlichen
	κρατώ, v, krató, (be-, fest-, aus)halten/(auf)bewahren
	κράτος, n, krátos, Staat
	κρατικός, aj, kratikós, staatlich
Demoskopie	δήμος, m, δímos, Stadt
	δημόσιος, aj, δimóssios, öffentlich
	δημοσιεύω, v, δimossiéwo, veröffentlichen
	σκοπός, m, skopós, Ziel/Zweck/Melodie/Wache
	σκοπεύω, v, skopéwo, zielen/vorhaben/anvisieren
Dermatologe	δέρμα, n, δérma, Haut/Fell/Leder
Dermatologie	δερμάτινος, aj, δermátinos, ledern
dermatologisch	λόγος, m, lóγos, Wort/Rede/Grund
Dia	διά, p, δiá, durch/über/für
Diabetes	διά, p, δiá, durch/über/für
Diabetiker	διαβήτης, m, δiawítis, Zirkel/Diabetes
	διάβαση, w, δiáwassi, Durchgang/Passage/Übergang/Überquerung/Pass (Gebirge)
	διαβατήριο, n, δiawatírio, (Reise)Pass
	διαβάτης, m, δiawátis, Passant
Diadem	διά, p, δiá, durch/über/für
	δένω, v, δéno, (zu)binden
Diagnose	διά, p, δiá, durch/über/für
diagnostizieren	γνώση, w, γnóssi, Kenntnis/Vernunft
	γνώμη, w, γnómi, Meinung/Ansicht
	γνωρίζω, v, γnorízo, mitteilen/(er)kennen/kennen lernen/wissen
	γνωστός, aj, γnostós, bekannt
diagonal	διά, p, δiá, durch/über/für
Diagonale	γωνία, w, γonía, Ecke/Winkel
	γόνατο, n, γónato, Knie
Diagramm	διά, p, δiá, durch/über/für
	γράφω, v, γráfo, (auf)schreiben
	γραφή, w, γrafí, Schrift/Schreiben

↪	γραφείο, n, γrafío, Schreibtisch/Büro/Amt γραφειοκρατία, w, γrafiokratía, Bürokratie γραφομηχανή, w, γrafomichaní, Schreibmaschine γράμμα, n, γráma, Buchstabe/Brief γραμμή, w, γramí, Linie/Strich/Zeile/Reihe/Verbindung
Dialekt	διά, p, δiá, durch/über/für διαλέγω, v, δialéγo, aussuchen/auswählen λέξη, w, léxi, Wort λέω, v, léo, sagen/meinen/nennen
Dialog	διά, p, δiá, durch/über/für λόγος, m, lóγos, Wort/Rede/Grund
Dialyse	διά, p, δiá, durch/über/für λύση, w, líssi, (Auf)Lösung/Entscheidung λύνω, v, líno, (auf)lösen/losbinden/zerlegen
diametral	διά, p, δiá, durch/über/für μέτρο, n, métro, Meter/(Vers)Maß/Maßnahme μετρώ, v, metró, (ab)messen/zählen μέτριος, aj, métrios, mittlerer/mittelgroß/mittelmäßig
Diaphragma	διά, p, δiá, durch/über/für φράζω, v, fráζo, einzäunen/versperren/verstopfen φράγμα, n, fráγma, Sperre/Zaun/Staudamm
Diaspora	διά, p, δiá, durch/über/für σπέρνω, v, spérno, säen/verbreiten σπόρος, m, spóros, Samen/Kern/Keim σποραδικός, aj, sporaδikós, sporadisch
Didaktik didaktisch	διδάσκω, v, δiδásko, lehren/unterrichten δάσκαλος, m, δáskalos, Lehrer
Dinosaurier	δεινός, aj, δinós, furchtbar/heftig/ungeheuer δειλός, aj, δilós, ängstlich/feige σαύρα, w, sáwra, Eidechse/Saurier

Diode	δύο, nu, δío, zwei οδός, w, oδós, Straße/Weg οδηγώ, v, oδiγó, führen/fahren/anleiten οδηγός, m, oδιγós, Führer/Fahrer οδηγία, w, oδiγía, Anweisung/Anleitung
Dioxin Dioxyd	δύο, nu, δío, zwei ξίδι, n, xíδi, Essig ξινός, aj, xinós, sauer
Diözese	διοίκηση, w, δiíkissi, Verwaltung/Leitung διοικώ, v, δiikó, verwalten/leiten διοικητής, m, δiikitís, Verwalter/Geschäftsführer/Leiter
Diplom Diplomat Diplomatie diplomatisch	διπλώνω, v, δiplóno, falten/einwickeln δίπλωμα, n, δíploma, Falten (n)/Einwickeln/Diplom/Zeugnis διπλός, aj, δiplós, doppelt/zweifach δίπλα, p, δípla, neben
Diskette	δίσκος, m, δískos, Scheibe/Tablett/Schallplatte/Diskette
Disko(thek)	δίσκος, m, δískos, Scheibe/Tablett/Schallplatte/Diskette θήκη, w, θíki, Kiste/Etui/Hülle/Scheide (Schwert)/Fach
Dogma Dogmatik dogmatisch	δόξα, w, δóxa, Ruhm δοκιμάζω, v, δokimázo, (aus)probieren/versuchen/testen δοκιμή, w, δokimí, (An)Probe/Test/Versuch/Experiment
Dorothee	δώρο, n, δóro, Geschenk δωρίζω, v, δorízo, schenken Θεός, m, θeós, Gott θεϊκός, aj, θeïkós, göttlich
dosieren Dosis	δίνω, v, δíno, (ab-, auf)geben δόση, w, δóssi, Dosis/Rate δάνειο, n, δánio, Darlehen εκδότης, m, ekδótis, Herausgeber προδότης, m, proδótis, Verräter
Drache	δράκος, m, δrákos, Drache
Drama Dramatik dramatisch Dramaturg Dramaturgie drastisch	δρω, v, δro, handeln/wirken δράση, w, δrássi, Handlung/Tätigkeit/Wirkung

Dromedar	δρόμος, m, δrómos, Straße/Weg
Dynamik dynamisch Dynamit Dynamo Dynastie	δύναμη, w, δínami, Kraft/Macht/Potenz δυνατός, aj, δinatós, stark/kräftig/möglich/laut

E

Echo	ήχος, m, íchos, Klang/Schall/Ton
Egoist	εγώ, pn, eγó, ich
egozentrisch	εγώ, pn, eγó, ich κέντρο, n, kéndro, Mittelpunkt/Zentrum κεντρικός, aj, kendrikós, zentral κεντώ, v, kendó, stechen/sticken/anstacheln
Ekstase ekstatisch	έξω, av, éxo, (dr)außen εξωτερικό, n, exoterikó, Ausland εκτός, av, ektós, außerhalb/außer στάση, w, stássi, Halt(estelle)/Stillstand/(Ein)Stellung/Haltung/Aufstand σταθμός, m, staθmós, Bahnhof/Sender/Station/Etappe σταματώ, v, stamató, stoppen/aufhören/anhalten/abschalten κατάστημα, n, katástima, Geschäft(sstelle)/Filiale/Laden κατάσταση, w, katástassi, Zustand/Lage/Status/Situation στάδιο, n, stáδio, Stadion/Stadium στέκομαι, v, stékome, stehen/stehen bleiben/sich hinstellen/(still)halten ιστός, m, istós, Mast/Gewebe ιστοσελίδα, w, istosselíδa, Internetseite
Ekzem	έξω, av, éxo, (dr)außen εξωτερικό, n, exoterikó, Ausland εκτός, av, ektós, außerhalb/außer ζεματίζω, v, ζematíζo, (ver)brühen ζεματιστός, aj, ζematistós, kochend heiß ζεστός, aj, ζestós, warm/heiß ζέστη, w, ζésti, Wärme/Hitze

↪	ζεσταίνω, v, ζesténo, (er)wärmen
Elastik elastisch Elastizität	λάστιχο, n, lásticho, Gummi/Reifen
Elektriker elektrisch elektrisieren	ήλιος, m, ílios, Sonne
Elektroenzephalo- gramm (EEG)	ήλιος, m, ílios, Sonne κεφάλι, n, kefáli, Kopf κεφάλαιο, n, kefáleo, Kapitel/Kapital εγκέφαλος, m, engéfalos, Gehirn γράφω, v, γráfo, (auf)schreiben γραφή, w, γrafí, Schrift/Schreiben γραφείο, n, γrafío, Schreibtisch/Büro/Amt γραφειοκρατία, w, γrafiokratía, Bürokratie γραφομηχανή, w, γrafomichaní, Schreibmaschine γράμμα, n, γráma, Buchstabe/Brief γραμμή, w, γramí, Linie/Strich/Zeile/Reihe/Verbindung
Elektrokardio- gramm (EKG)	ήλιος, m, ílios, Sonne καρδιά, w, karδiá, Herz/Kernstück γράφω, v, γráfo, (auf)schreiben γραφή, w, γrafí, Schrift/Schreiben γραφείο, n, γrafío, Schreibtisch/Büro/Amt γραφειοκρατία, w, γrafiokratía, Bürokratie γραφομηχανή, w, γrafomichaní, Schreibmaschine γράμμα, n, γráma, Buchstabe/Brief γραμμή, w, γramí, Linie/Strich/Zeile/Reihe/Verbindung
Elektronen- mikroskop	ήλιος, m, ílios, Sonne μικρός, aj, mikrós, klein/jung/kurz σκοπός, m, skopós, Ziel/Zweck/Melodie/Wache σκοπεύω, v, skopéwo, zielen/vorhaben/anvisieren
Elektronik elektronisch	ήλιος, m, ílios, Sonne
Elixier	ξηρός, aj, xirós, trocken/dürr ξηρά, w, xirá, Festland ξηρασία, w, xirassía, Trockenheit/Dürre ξεραίνω, v, xeréno, trocknen
Ellipse elliptisch	λείπω, v, lípo, fehlen έλλειψη, w, élipsi, Mangel

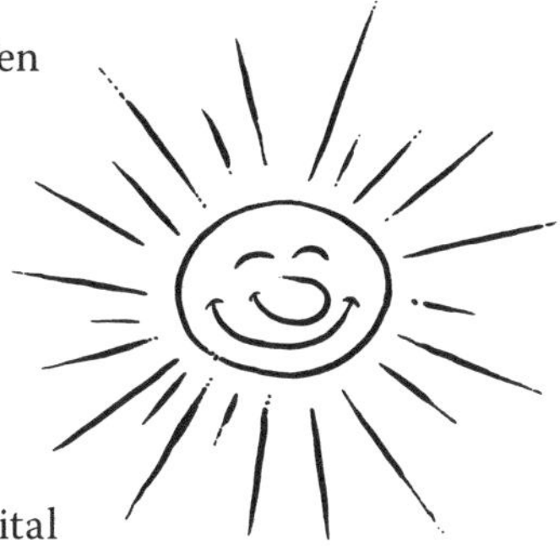

↪	έλλειμα, n, élima, Defizit/Fehlbetrag
Embryo	εντός, p, endós, in/innerhalb βρύση, w, wríssi, Quelle/Brunnen/Wasserhahn
Energie	εντός, p, endós, in/innerhalb έργο, n, érγo, Werk/Tat/Aufgabe/Film/Arbeit εργασία, w, erγassía, Arbeit/Tätigkeit εργάζομαι, v, erγázome, arbeiten/funktionieren εργάτης, m, erγátis, Arbeiter εργοστάσιο, n, erγostássio, Fabrik/Werk
Engel	άγγελος, m, ángelos, Engel αγγελία, w, angelía, Meldung/Nachricht/Bekanntmachung/Anzeige/Annonce αναγγέλω, v, anangélo, bekannt geben/ankündigen
Enthusiasmus enthusiastisch	εντός, p, endós, in/innerhalb Θεός, m, θeós, Gott θεϊκός, aj, θeïkós, göttlich
Enzephalogramm	κεφάλι, n, kefáli, Kopf κεφάλαιο, n, kefáleo, Kapitel/Kapital εγκέφαλος, m, engéfalos, Gehirn γράφω, v, γráfo, (auf)schreiben γραφή, w, γrafí, Schrift/Schreiben γραφείο, n, γrafío, Schreibtisch/Büro/Amt γραφειοκρατία, w, γrafiokratía, Bürokratie γραφομηχανή, w, γrafomichaní, Schreibmaschine γράμμα, n, γráma, Buchstabe/Brief γραμμή, w, γramí, Linie/Strich/Zeile/Reihe/Verbindung
Enzyklopädie	εντός, p, endós, in/innerhalb κύκλος, m, kíklos, Kreis/Zyklus Κυκλάδες, w/pl, kikláδes, Kykladen κυκλοφορώ, v, kikloforó, umhergehen/kreisen/umlaufen κυκλοφορία, w, kikloforía, Verkehr/Umlauf παιδί, n, peδí, Kind παιδεία, w, peδía, (Aus)Bildung/Erziehung(swesen) παιδεύω, v, peδéwo, quälen/sich bemühen παιχνίδι, n, pechníδi, Spielzeug/Spiel παίζω, v, pézo, spielen παίκτης, m, péktis, Spieler
Enzym	εντός, p, endós, in/innerhalb ζύμη, w, zími, Teig/Hefe

↪	ζυμάρι, n, ζimári, Teig ζυμώνω, v, ζimóno, kneten
Epidemie	επί, p, epí, auf/an/unter δήμος, m, δímos, Stadt δημόσιος, aj, δimóssios, öffentlich δημοσιεύω, v, δimossiéwo, veröffentlichen
Episode	επί, p, epí, auf/an/unter οδός, w, oδós, Straße/Weg οδηγώ, v, oδiγó, führen/fahren/anleiten οδηγός, m, oδiγós, Führer/Fahrer οδηγία, w, oδiγía, Anweisung/Anleitung είσοδος, w, íssoδos, Eingang/Einfahrt/Eintritt/Zutritt
Epizentrum	επί, p, epí, auf/an/unter κέντρο, n, kéndro, Mittelpunkt/Zentrum κεντρικός, aj, kendrikós, zentral κεντώ, v, kendó, stechen/sticken/anstacheln
Eremit Eremitage	έρημος, aj/w, érimos, unbewohnt, öde, einsam, verlassen/Wüste
Eros Erotik erotisch	έρωτας, m, érotas, (körperliche) Liebe εραστής, m, erastís, Liebhaber ερασιτέχνης, m, erassitéchnis, Amateur
Esoterik esoterisch	εσωτερικό, n, essoterikó, Innere/Innenseite/Binnenland/Inland
Ethik	έθιμο, n, éθimo, Sitte/Brauch ήθος, n, íθos, Charakter/Wesen έθνος, n, éθnos, Nation
Eucharistie	ευχαριστώ, v, efcharistó, danken/erfreuen/zufrieden stellen/ Danke! ευχάριστος, aj, efcháristos, angenehm ευχαρίστως, av, efcharístos, gern(e) χαρά, w, hará, Freude χάρη, w, hári, Anmut/Charme/Dank/Gefallen (m) χαρίζω, v, haríζo, schenken χαρούμενος, aj, harúmenos, fröhlich/froh χαίρομαι, v, hérome, sich freuen χαιρετώ, v, heretó, (be)grüßen
Eugen	ευγενικός, aj, ewγenikós, höflich/liebenswürdig γεννώ, v, γenó, gebären/hervorrufen γενιά, w, γeniá, Geschlecht/Generation/Stamm/Rasse

↪	γενικός, aj, yenikós, allgemein γένος, n, yénos, Geschlecht/Herkunft/Abstammung γενέθλια, n/pl, yenéθlia, Geburtstag γέννηση, w, yénissi, Geburt/Entstehung Χριστούγεννα, n/pl, hristúyena, Weihnachten γεννιέμαι, v, yeniéme, geboren werden/entstehen γίνομαι, v, yínome, werden/entstehen/geschehen/stattfinden
Eukalyptus	καλύπτω, v, kalípto, (ver-, be)decken καλύβα, w, kalíwa, Hütte/Baracke
Euphorie euphorisch	φέρνω, v, férno, bringen/holen φέρετρο, n, féretro, Sarg φορά, w, forá, Mal (Zeitpunkt) φορώ, v, foró, anziehen/tragen φόρος, m, fóros, Steuer/Gebühr φόρεμα, n, fórema, Kleid/Kleidungsstück φορτώνω, v, fortóno, (be)laden/aufbürden φορτηγό, n, fortiyó, Lastwagen/Frachter
Euthanasie	θάνατος, m, θánatos, Tod
evangelisch Evangelist Evangelium	άγγελος, m, ángelos, Engel αγγελία, w, angelía, Meldung/Nachricht/Bekanntmachung/Anzeige/Annonce αναγγέλω, v, anangélo, bekannt geben/ankündigen
Exodus	έξω, av, éxo, (dr)außen εξωτερικό, n, exoterikó, Ausland οδός, w, oδós, Straße/Weg οδηγώ, v, oδiyó, führen/fahren/anleiten οδηγός, m, oδiyós, Führer/Fahrer οδηγία, w, oδiyía, Anweisung/Anleitung
Exorzist	έξω, av, éxo, (dr)außen εξωτερικό, n, exoterikó, Ausland όρκος, m, órkos, Eid/Schwur ορκίζομαι, v, orkízome, schwören
Exotik exotisch	έξω, av, éxo, (dr)außen εξωτερικό, n, exoterikó, Ausland
exzentrisch	έξω, av, éxo, (dr)außen εξωτερικό, n, exoterikó, Ausland κέντρο, n, kéndro, Mittelpunkt/Zentrum κεντρικός, aj, kendrikós, zentral κεντώ, v, kendó, stechen/sticken/anstacheln

F

Fon Fonetik fonetisch	φωνή, w, foní, Stimme φωνάζω, v, fonázo, rufen/schreien
Foto	φώς, n, fos, Licht φωτιά, w, fotiá, Feuer/Brand φωτίζω, v, fotízo, (be-, er)leuchten/aufklären φωτοτυπία, w, fototipía, Fotokopie
fotogen	φώς, n, fos, Licht φωτιά, w, fotiá, Feuer/Brand φωτίζω, v, fotízo, (be-, er)leuchten/aufklären φωτοτυπία, w, fototipía, Fotokopie γεννώ, v, γenó, gebären/hervorrufen γενιά, w, γeniá, Geschlecht/Generation/Stamm/Rasse γένος, n, γénos, Geschlecht/Herkunft/Abstammung γενέθλια, n/pl, γenéθlia, Geburtstag γέννηση, w, γénissi, Geburt/Entstehung Χριστούγεννα, n/pl, hristúγena, Weihnachten γεννιέμαι, v, γeniéme, geboren werden/entstehen γίνομαι, v, γínome, werden/entstehen/geschehen/stattfinden
Fotograf Fotografie fotografieren fotografisch	φώς, n, fos, Licht φωτιά, w, fotiá, Feuer/Brand φωτίζω, v, fotízo, (be-, er)leuchten/aufklären φωτοτυπία, w, fototipía, Fotokopie γράφω, v, γráfo, (auf)schreiben γραφή, w, γrafí, Schrift/Schreiben γραφείο, n, γrafío, Schreibtisch/Büro/Amt γραφειοκρατία, w, γrafiokratía, Bürokratie γραφομηχανή, w, γrafomichaní, Schreibmaschine γράμμα, n, γráma, Buchstabe/Brief γραμμή, w, γramí, Linie/Strich/Zeile/Reihe/Verbindung
Fotosynthese	φώς, n, fos, Licht φωτιά, w, fotiá, Feuer/Brand φωτίζω, v, fotízo, (be-, er)leuchten/aufklären φωτοτυπία, w, fototipía, Fotokopie συν, p, sin, plus θέση, w, θéssi, Lage/Platz/Sitz θέτω, v, θéto, setzen/stellen/legen/stecken θετικός, aj, θetikós, positiv

G

galaktisch Galaxie	γάλα, n, γála, Milch
Gen Genetik genetisch Genre	γεννώ, v, γenó, gebären/hervorrufen γενιά, w, γeniá, Geschlecht/Generation/Stamm/Rasse γένος, n, γénos, Geschlecht/Herkunft/Abstammung γενέθλια, n/pl, γenéθlia, Geburtstag γέννηση, w, γénissi, Geburt/Entstehung Χριστούγεννα, n/pl, hristúγena, Weihnachten γεννιέμαι, v, γeniéme, geboren werden/entstehen γίνομαι, v, γínome, werden/entstehen/geschehen/stattfinden γενικός, aj, γenikós, allgemein ευγενικός, aj, ewγenikós, höflich/liebenswürdig
Geograf Geografie geografisch	γη, w, γi, Erde/Boden γήινος, aj, γíinos, irdisch γήπεδο, n, γípeδo, Sportplatz γράφω, v, γráfo, (auf)schreiben γραφή, w, γrafí, Schrift/Schreiben γραφείο, n, γrafío, Schreibtisch/Büro/Amt γραφειοκρατία, w, γrafiokratía, Bürokratie γραφομηχανή, w, γrafomichaní, Schreibmaschine γράμμα, n, γráma, Buchstabe/Brief γραμμή, w, γramí, Linie/Strich/Zeile/Reihe/Verbindung
Geoid	γη, w, γi, Erde/Boden γήινος, aj, γíinos, irdisch γήπεδο, n, γípeδo, Sportplatz ιδέα, w, iδéa, Idee/Ansicht/Vorstellung είδος, n, íδos, Art/Artikel ειδικός, aj/m, iδikós, besonderer, spezieller/Fachmann, Experte, Spezialist είδηση, w, íδissi, Nachricht/Meldung είδωλο, n, íδolo, Götzenbild/Idol ειδύλλιο, n, iδílio, Idyll(e)
Geologe Geologie geologisch	γη, w, γi, Erde/Boden γήινος, aj, γíinos, irdisch γήπεδο, n, γípeδo, Sportplatz λόγος, m, lóγos, Wort/Rede/Grund

Geometrie	γη, w, γi, Erde/Boden
geometrisch	γήινος, aj, γíinos, irdisch
	γήπεδο, n, γípeδo, Sportplatz
	μέτρο, n, métro, Meter/(Vers)Maß/Maßnahme
	μετρώ, v, metró, (ab)messen/zählen
	μέτριος, aj, métrios, mittlerer/mittelgroß/mittelmäßig
Georg	γη, w, γi, Erde/Boden
Georgien	γήινος, aj, γíinos, irdisch
	γήπεδο, n, γípeδo, Sportplatz
	γεωργός, m, γeorγós, Bauer/Landwirt
	γεωργία, w, γeorγía, Landwirtschaft
	Γεώργιος, m, γeórγios, Georg
gigantisch	γίγαντας, m, γíγandas, Riese
Gips	γύψος, m, γípsos, Gips
Giro	γύρος, m, γíros, Kreis/Drehung/Runde/Rundgang/Ring/Gyros
	γυρίζω, v, γiríζo, (sich um)drehen/wenden/zurückgeben, -kehren, -kommen
	γυρεύω, v, γiréwo, suchen/verlangen
Gitarre	κιθάρα, w, kiθára, Gitarre
Gitarrist	
Glossar	γλώσσα, w, γlóssa, Zunge/Sprache
Glosse	
Glucose	γλυκός, aj, γlikós, süß/mild/lieblich
Glykol	γλυκό, n, γlikó, Süßigkeit/Süßes/Kuchen
Glyzerin	
Golf	κόλπος, m, kólpos, Schoß/Golf (Geografie)
Gouvernante	κυβερνώ, v, kiwernó, regieren/steuern
Gouverneur	κυβέρνηση, w, kiwérnissi, Regierung
	κυβερνοχώρος, m, kiwernochóros, Cyberspace
Graf	γράφω, v, γráfo, (auf)schreiben
Grafik	γραφή, w, γrafí, Schrift/Schreiben
Grafiker	γραφείο, n, γrafío, Schreibtisch/Büro/Amt
Gramm	γραφειοκρατία, w, γrafiokratía, Bürokratie
Grammatik	γραφομηχανή, w, γrafomichaní, Schreibmaschine
	γράμμα, n, γráma, Buchstabe/Brief
	γραμμή, w, γramí, Linie/Strich/Zeile/Reihe/Verbindung

Grammofon	γράφω, v, γráfo, (auf)schreiben γραφή, w, γrafí, Schrift/Schreiben γραφείο, n, γrafío, Schreibtisch/Büro/Amt γραφειοκρατία, w, γrafiokratía, Bürokratie γραφομηχανή, w, γrafomichaní, Schreibmaschine γράμμα, n, γráma, Buchstabe/Brief γραμμή, w, γramí, Linie/Strich/ Zeile/Reihe/Verbindung φωνή, w, foní, Stimme φωνάζω, v, fonáζo, rufen/schreien
Gregor gregorianisch	γρήγορος, aj, γríγoros, schnell
Griffel	γράφω, v, γráfo, (auf)schreiben γραφή, w, γrafí, Schrift/Schreiben γραφείο, n, γrafío, Schreibtisch/Büro/Amt γραφειοκρατία, w, γrafiokratía, Bürokratie γραφομηχανή, w, γrafomichaní, Schreibmaschine γράμμα, n, γráma, Buchstabe/Brief γραμμή, w, γramí, Linie/Strich/Zeile/Reihe/Verbindung
grotesk Groteske Grotte Gruft	κρύβω, v, kríwo, verstecken/verbergen κρυφός, aj, krifós, heimlich/versteckt κρυφό, n, krifó, Geheimnis κρυφτό, n, kriftó, Versteckenspielen
Gummi	γόμα, w, γóma, Radiergummi
Gymnasiast Gymnasium Gymnastik	γυμνός, aj, γimnós, nackt/kahl γυμνάζω, v, γimnáζo, ausbilden/schulen/dressieren/trainieren
Gynäkologe Gynäkologie gynäkologisch	γυναίκα, w, γinéka, Frau λόγος, m, lóγos, Wort/Rede/Grund
Gyros	γύρος, m, γíros, Kreis/Drehung/Runde/Rundgang/Ring/Gyros γυρίζω, v, γiríζo, (sich um)drehen/wenden/zurückgeben, -kehren, -kommen γυρεύω, v, γiréwo, suchen/verlangen

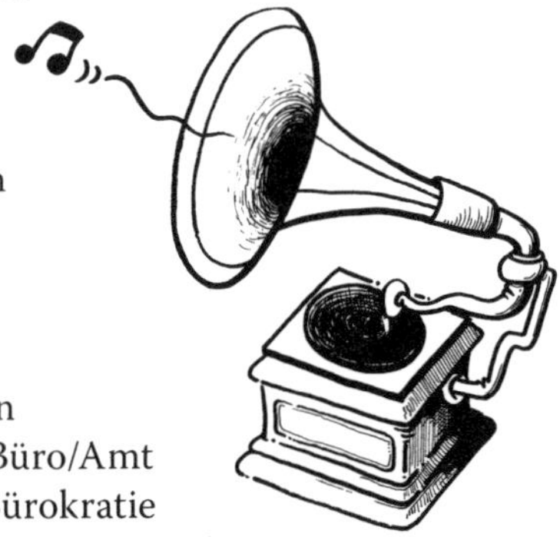

H

Halma	άλμα, n, álma, Sprung
Halogen	αλάτι, n, aláti, Salz
	αλμυρός, aj, almirós, salzig
	αλιεία, w, aliía, Fischerei
	γεννώ, v, γenó, gebären/hervorrufen
	γενιά, w, γeniá, Geschlecht/Generation/Stamm/Rasse
	γένος, n, γénos, Geschlecht/Herkunft/Abstammung
	γενέθλια, n/pl, γenéθlia, Geburtstag
	γέννηση, w, γénissi, Geburt/Entstehung
	Χριστούγεννα, n/pl, hristúγena, Weihnachten
	γεννιέμαι, v, γeniéme, geboren werden/entstehen
	γίνομαι, v, γínome, werden/entstehen/geschehen/stattfinden
	γενικός, aj, γenikós, allgemein
	ευγενικός, aj, ewγenikós, höflich/liebenswürdig
Hämatom	αίμα, n, éma, Blut
Hämorride	αίμα, n, éma, Blut
	ρεύμα, n, réwma, Strom/Strömung/Luftzug
	ρέω, v, réo, fließen
	ροή, w, roí, Fluss/Lauf
	ρυάκι, n, riáki, Bach
Harmonie harmonieren harmonisch	αρμόζω, v, armóζo, (an)passen αρμόδιος, aj, armóδios, passend/geeignet/zuständig/kompetent
Hektar	εκατό, nu, ekató, Hundert
Hektik hektisch	έχω, v, écho, haben
Hektoliter	εκατό, nu, ekató, Hundert
Helikopter	έλικας, m, élikas, Spirale/Schiffsschraube/Propeller
	φτερό, m, fteró, Flügel (Vogel/Flugzeug)/Feder (Vogel)/Kotflügel
Helium	ήλιος, m, ílios, Sonne
Hellas hellenisch Hellenismus	Ελλάδα, w, eláδa, Griechenland Έλληνας/Ελληνίδα, m/w, élinas/eliníδa, Grieche/Griechin ελληνικά, n/pl, eliniká, Griechisch ελληνικός, aj, elinikós, griechisch
Hemisphäre	μισός, aj, missós, halb

↪	σφαίρα, w, sféra, Kugel/Bereich ποδόσφαιρο, n, ροδósfero, Fußball
Heroin	ήρωας, m, íroas, Held
Hexaeder	έξι, nu, éxi, sechs έδρα, w, éδra, Sitz/Seite έδαφος, n, éδafos, Boden/Terrain ιδρύω, v, iδrío, gründen
Hexan	έξι, nu, éxi, sechs
Hierarchie hierarchisch	ιερός, aj, ierós, heilig αρχή, w, archí, Anfang/Beginn/Prinzip/Grundsatz/Behörde αρχίζω, v, archízo, anfangen/beginnen
Hippo(potamus)	ίππος, m, ípos, Pferd/Pferdestärke ιππασία, w, ipassía, Reiten/Reiterei/Reitsport ιππότης, m, ipótis, Ritter/Kavalier ποτάμι, n, potámi, Fluss
Historie Historiker historisch	ιστορία, w, istoría, Geschichte
Holocaust	όλος, aj, ólos, ganz καίω, v, kéo, (ver)brennen καυτός, aj, kaftós, heiß καυτερός, aj, kafterós, heiß/scharf έγκαυμα, n, éngawma, Verbrennung/Brand πυρκαγιά, w, pirkaγiá, Brand
Hologramm	όλος, aj, ólos, ganz γράφω, v, γráfo, (auf)schreiben γραφή, w, γrafí, Schrift/Schreiben γραφείο, n, γrafío, Schreibtisch/Büro/Amt γραφειοκρατία, w, γrafiokratía, Bürokratie γραφομηχανή, w, γrafomichaní, Schreibmaschine γράμμα, n, γráma, Buchstabe/Brief γραμμή, w, γramí, Linie/Strich/Zeile/Reihe/Verbindung
homogen Homogenität	όμοιος, aj, ómios, gleich/ähnlich ομάδα, w, omáδa, Gruppe/Mannschaft/Truppe ομαλός, aj, omalós, eben/normal/reibungslos/regelmäßig όμιλος, m, ómilos, Verein/Gesellschaft/Club ομόνοια, w, omónia, Eintracht/Einigkeit ομιλία, w, omilía, Sprache/Rede/Sprechweise/Gespräch (ο)μιλώ, v, (o)miló, sprechen/reden/sich unterhalten

↪	γεννώ, v, γenó, gebären/hervorrufen
	γενιά, w, γeniá, Geschlecht/Generation/Stamm/Rasse
	γένος, n, γénos, Geschlecht/Herkunft/Abstammung
	γενέθλια, n/pl, γenéθlia, Geburtstag
	γέννηση, w, γénissi, Geburt/Entstehung
	Χριστούγεννα, n/pl, hristúγena, Weihnachten
	γεννιέμαι, v, γeniéme, geboren werden/entstehen
	γίνομαι, v, γínome, werden/entstehen/geschehen/stattfinden
	γενικός, aj, γenikós, allgemein
	ευγενικός, aj, ewγenikós, höflich/liebenswürdig
Horizont	ορίζω, v, oríζo, festsetzen/definieren/bestimmen
horizontal	οριζόντιος, aj, oriζóndios, waagrecht/horizontal
Horizontale	ορίζοντας, m, oríζondas, Horizont
	ορισμένος, aj, orisménos, bestimmter
	όριο, n, ório, Grenze
	οριστικός, aj, oristikós, endgültig/definitiv
	όρος, m, óros, Bedingung
Hormon	ορμώ, v, ormó, stürmen/sich stürzen
	ορμή, w, ormí, Schwung/Antrieb/Ansturm/Angriff
Horoskop	ώρα, w, óra, Stunde/Zeit
	ωρολόι, n, orolói, Uhr
	ωραίος, aj, oréos, schön/gut
	σκοπός, m, skopós, Ziel/Zweck/Melodie/Wache
	σκοπεύω, v, skopéwo, zielen/vorhaben/anvisieren
Hygiene	υγεία, w, iγía, Gesundheit
hygienisch	υγιής, aj, iγiís, gesund
Hyperbel	υπέρ, p, ipér, über/für
	υπερβάλλω, v, iperwálo, übertreffen/übertreiben
	υπερβολή, w, iperwolí, Übertreibung/Maßlosigkeit/Hyperbel
	υπερβολικός, aj, iperwolikós, übermäßig/übertrieben
Hypnose	ύπνος, m, ípnos, Schlaf
Hypnotiseur	υπνοδωμάτιο, n, ipnoδomátio, Schlafzimmer
hypnotisieren	
Hypochonder	υπό, p, ipó, unter
hypochondrisch	χοντρός, aj, hondrós, dick
Hypophyse	υπό, p, ipó, unter
	φύση, w, físsi, Natur/Wesen/Beschaffenheit
	φυτό, n, fitó, Pflanze/Gewächs
	φυτεύω, v, fitéwo, (be-, ein)pflanzen

↪	φυτρώνω, v, fitróno, sprießen/keimen/wachsen/auftauchen
Hypothek	υπό, p, ipó, unter θήκη, w, θíki, Kiste/Etui/Hülle/Scheide (Schwert)/Fach
Hypothese hypothetisch	υπό, p, ipó, unter θέση, w, θéssi, Lage/Platz/Sitz θέτω, v, θéto, setzen/stellen/legen/stecken θετικός, aj, θetikós, positiv
Hysterie hysterisch	ύστερα, av, ístera, nach(her)/später/dann

I

ideal Ideal Idealismus Idealist Idee ideell	ιδέα, w, iδéa, Idee/Ansicht/Vorstellung είδος, n, íδos, Art/Artikel ειδικός, aj/m, iδikós, besonderer, spezieller/Fachmann, Experte, Spezialist είδηση, w, íδissi, Nachricht/Meldung είδωλο, n, íδolo, Götzenbild/Idol ειδύλλιο, n, iδílio, Idyll(e)
Ideologe Ideologie ideologisch	ιδέα, w, iδéa, Idee/Ansicht/Vorstellung είδος, n, íδos, Art/Artikel ειδικός, aj/m, iδikós, besonderer, spezieller/Fachmann, Experte, Spezialist είδηση, w, íδissi, Nachricht/Meldung είδωλο, n, íδolo, Götzenbild/Idol ειδύλλιο, n, iδílio, Idyll(e) λόγος, m, lóγos, Wort/Rede/Grund
Idiot idiotisch	ίδιος, aj, íδios, derselbe/gleich/eigen ιδιότητα, w, iδiótita, Eigenschaft ιδιώτης, m, iδiótis, Privatmann ιδιωτικός, aj, iδiotikós, privat
Idol	είδωλο, n, íδolo, Götzenbild/Idol είδος, n, íδos, Art/Artikel ειδικός, aj/m, iδikós, besonderer, spezieller/Fachmann, Experte, Spezialist είδηση, w, íδissi, Nachricht/Meldung ιδέα, w, iδéa, Idee/Ansicht/Vorstellung

↪	ειδύλλιο, n, iδílio, Idyll(e)
Idyll	ειδύλλιο, n, iδílio, Idyll(e)
Idylle	είδος, n, íδos, Art/Artikel
idyllisch	ειδικός, aj/m, iδikós, besonderer, spezieller/Fachmann, Experte, Spezialist
	είδηση, w, íδissi, Nachricht/Meldung
	ιδέα, w, iδéa, Idee/Ansicht/Vorstellung
	είδωλο, n, íδolo, Götzenbild/Idol
impfen	φυτό, n, fitó, Pflanze/Gewächs
Impfung	φυτεύω, v, fitéwo, (be-, ein)pflanzen
	φυτρώνω, v, fitróno, sprießen/keimen/wachsen/auftauchen
	φύση, w, físsi, Natur/Wesen/Beschaffenheit
Irene	ειρήνη, w, iríni, Frieden
isotonisch	ίσος, aj, íssos, gleich
	ίσιος, aj, íssios, gerade/direkt
	ισότητα, w, issótita, Gleichheit
	τόνος, m, tónos, Ton/Nachdruck/Schwung/Spannung/Akzent
	τονώνω, v, tonóno, stärken/kräftigen
	τονίζω, v, toníζo, betonen

J

Jalousie	ζήλια, w, ζília, Neid/Eifersucht
	ζηλεύω, v, ζiléwo, beneiden/eifersüchtig sein
Jörg	γεωργός, m, γeorγós, Bauer/Landwirt
Jürgen	γεωργία, w, γeorγía, Landwirtschaft
	Γεώργιος, m, γeórγios, Georg

K

Kaleidoskop	καλός, aj, kalós, gut
	είδος, n, íδos, Art/Artikel
	ειδύλλιο, n, iδílio, Idyll(e)

↪	ειδικός, aj/m, iδikós, besonderer, spezieller/Fachmann, Experte, Spezialist είδηση, w, íδissi, Nachricht/Meldung ιδέα, w, iδéa, Idee/Ansicht/Vorstellung είδωλο, n, íδolo, Götzenbild/Idol σκοπός, m, skopós, Ziel/Zweck/Melodie/Wache σκοπεύω, v, skopéwo, zielen/vorhaben/anvisieren
Kamera Kamerad	κάμαρα, w, kámara, Zimmer/Stube καμάρα, w, kamára, Bogen/Gewölbe/Arkade καμαριέρα, w, kamariéra, Zimmermädchen
Kamille	χαμηλός, aj, hamilós, niedrig/tief/leise μήλο, n, mílo, Apfel μηλιά, w, miliá, Apfelbaum χαμομήλι, n, hamomíli, Kamille/Kamillentee
Kammer Kämmerer	κάμαρα, w, kámara, Zimmer/Stube καμάρα, w, kamára, Bogen/Gewölbe/Arkade καμαριέρα, w, kamariéra, Zimmermädchen
Kanapee	κουνούπι, n, kunúpi, Stechmücke
Karat	κέρατο, n, kérato, Horn
Kardiologe Kardiologie kardiologisch	καρδιά, w, karδiá, Herz/Kernstück λόγος, m, lóγos, Wort/Rede/Grund
Karte Kartei Kartell	χαρτί, n, hartí, Papier/Dokument χάρτης, m, hártis, Landkarte/Charta χαρτόνι, n, hartóni, Pappe/Karton χαρτομάντηλο, n, hartomándilo, Papiertaschentuch
Kartografie kartografisch	χαρτί, n, hartí, Papier/Dokument χάρτης, m, hártis, Landkarte/Charta χαρτόνι, n, hartóni, Pappe/Karton χαρτομάντηλο, n, hartomándilo, Papiertaschentuch γράφω, v, γráfo, (auf)schreiben γραφή, w, γrafí, Schrift/Schreiben γραφείο, n, γrafío, Schreibtisch/Büro/Amt γραφειοκρατία, w, γrafiokratía, Bürokratie γραφομηχανή, w, γrafomichaní, Schreibmaschine γράμμα, n, γráma, Buchstabe/Brief γραμμή, w, γramí, Linie/Strich/Zeile/Reihe/Verbindung

Karton	χαρτί, n, hartí, Papier/Dokument
Kartonage	χάρτης, m, hártis, Landkarte/Charta
kartoniert	χαρτόνι, n, hartóni, Pappe/Karton
Kartusche	χαρτομάντηλο, n, hartomándilo, Papiertaschentuch
Karzinom	καρκίνος, m, karkínos, Krebs
Kastagnette	καστανός, aj, kastanós, (kastanien)braun
Kastanie	
Katalog	κατά, p, katá, nach/gemäß/gegen/während
katalogisieren	κάτω, av, káto, unten/weniger
	λόγος, m, lóγos, Wort/Rede/Grund
Katalysator	κατά, p, katá, nach/gemäß/gegen/während
	κάτω, av, káto, unten/weniger
	λύση, w, líssi, (Auf)Lösung/Entscheidung
	λύνω, v, líno, (auf)lösen/losbinden/zerlegen
Katarr	κατά, p, katá, nach/gemäß/gegen/während
	κάτω, av, káto, unten/weniger
	καταράκτης, m, kataráktis, Wasserfall/grauer Star
	ρεύμα, n, réwma, Strom/Strömung/Luftzug
	ρέω, v, réo, fließen
	ροή, w, roí, Fluss/Lauf
	ρυάκι, n, riáki, Bach
katastrophal	κατά, p, katá, nach/gemäß/gegen/während
Katastrophe	κάτω, av, káto, unten/weniger
	στρίβω, v, stríwo, drehen/abbiegen
	στρέφω, v, stréfo, drehen/wenden
	στροφή, w, strofí, Kurve/Drehung/Wende/Strophe
	στραβός, aj, strawós, schief/falsch/blind/krumm
	στρόβιλος, m, strówilos, Wirbel/Strudel/Wirbelwind/Turbine
Kategorie	κατά, p, katá, nach/gemäß/gegen/während
kategorisch	κάτω, av, káto, unten/weniger
	αγορά, w, aγorá, (Ein)Kauf/Markt(platz)
	αγοράζω, v, aγorázo, kaufen/bestechen
Kater (Unwohlsein)	κατά, p, katá, nach/gemäß/gegen/während
	κάτω, av, káto, unten/weniger
	καταράκτης, m, kataráktis, Wasserfall/grauer Star
	ρεύμα, n, réwma, Strom/Strömung/Luftzug
	ρέω, v, réo, fließen
	ροή, w, roí, Fluss/Lauf
	ρυάκι, n, riáki, Bach

Katharina	καθαρός, aj, kaθarós, sauber/klar/deutlich/rein καθαριότητα, w, kaθariótita, Sauberkeit καθαρίζω, v, kaθaríζo, reinigen/säubern
Kathedrale	κάθομαι, v, káθome, sitzen/sich setzen/wohnen έδρα, w, éδra, Sitz/Seite έδαφος, n, éδafos, Boden/Terrain ιδρύω, v, iδrío, gründen
Kathete Katheter	κάθετος, aj/w, káθetos, senkrecht, vertikal/Senkrechte, Vertikale
Kathode	κατά, p, katá, nach/gemäß/gegen/während κάτω, av, káto, unten/weniger οδός, w, oδós, Straße/Weg οδηγώ, v, oδiγó, führen/fahren/anleiten οδηγός, m, oδiγós, Führer/Fahrer οδηγία, w, oδiγía, Anweisung/Anleitung
Katholik katholisch Katholizismus	όλος, aj, ólos, ganz καθόλου, av, kaθólu, überhaupt (nicht)
Keramik	κεραμίδι, n, keramíδi, Dachziegel
Keratin	κέρατο, n, kérato, Horn
Kerosin	κερί, n, kerí, Kerze/Wachs
Kilo	χίλια, nu, hília, Tausend
Kilogramm	χίλια, nu, hília, Tausend γράφω, v, γráfo, (auf)schreiben γραφή, w, γrafí, Schrift/Schreiben γραφείο, n, γrafío, Schreibtisch/Büro/Amt γραφειοκρατία, w, γrafiokratía, Bürokratie γραφομηχανή, w, γrafomichaní, Schreibmaschine γράμμα, n, γráma, Buchstabe/Brief γραμμή, w, γramí, Linie/Strich/Zeile/Reihe/Verbindung
Kilometer	χίλια, nu, hília, Tausend μέτρο, n, métro, Meter/(Vers)Maß/Maßnahme μετρώ, v, metró, (ab)messen/zählen μέτριος, aj, métrios, mittlerer/mittelgroß/mittelmäßig
Kinematik Kinetik kinetisch Kino	κινώ, v, kinó, bewegen/treiben κίνηση, w, kínissi, Bewegung/Verkehr/Betrieb κινητό, n, kinitó, Mobiltelefon/Handy ξεκινώ, v, xekinó, aufbrechen/losfahren/beginnen

↪ κινηματογράφος, m, kinimatoyráfos, Kino
σινεμά, n, sinemá, Kino

Kirche, kirchlich, Kirmes
κύριος, m, kírios, Herr
Κυριακή, w, kiriakí, Sonntag

Kirsche
κεράσι, n, kerássi, Kirsche
κερασιά, w, kerassiá, Kirschbaum

Klaus
λαός, m, laós, Volk/Leute
λαϊκός, aj, laikós, volkstümlich/einfach/weltlich

Kleptomane
κλέβω, v, kléwo, stehlen
κλέφτης, m, kléftis, Dieb
κλοπή, w, klopí, Diebstahl

Klima, klimatisch
κλιματισμός, m, klimatismós, Klimaanlage
κλίνω, v, klíno, (sich) neigen/beugen/konjugieren/deklinieren
κλίση, w, klíssi, Neigung/Beugung/Konjugation/Deklination

Klinik, Klinikum, klinisch
κλίνω, v, klíno, (sich) neigen/beugen/konjugieren/deklinieren
κλίση, w, klíssi, Neigung/Beugung/Konjugation/Deklination

Klon, klonen
κλωνάρι, n, klonári, Zweig/Ast

Koffer
κοφίνι, n, kofíni, Korb

Kogge
κοχύλι, n, kochíli, Muschel

Kokos
κόκκος, m, kókos, Korn/Gran/Körnchen/Knötchen
κόκκινος, aj, kókinos, rot
κόκκαλο, n, kókalo, Knochen/Gräte
κουκί, n, kukí, Saubohne/Korn
κουκουνάρα, n, kukunára, Tannenzapfen
κουκούτσι, n, kukútsi, Kern (Frucht)/Stein (Frucht)

Kolibakterie, Kolik
κώλος, m, kólos, Hintern/Gesäß

Kollagen
κόλλα, w, kóla, Klebstoff/Papierbogen/Stärke/Leim
κολλώ, v, koló, (zusammen-, an-, auf)kleben/löten/leimen/anstecken
γεννώ, v, γenó, gebären/hervorrufen
γενιά, w, γeniá, Geschlecht/Generation/Stamm/Rasse
γένος, n, γénos, Geschlecht/Herkunft/Abstammung
γενέθλια, n/pl, γenéθlia, Geburtstag
γέννηση, w, γénissi, Geburt/Entstehung

↪	Χριστούγεννα, n/pl, hristúyena, Weihnachten γεννιέμαι, v, yeniéme, geboren werden/entstehen γίνομαι, v, yínome, werden/entstehen/geschehen/stattfinden γενικός, aj, yenikós, allgemein ευγενικός, aj, ewyenikós, höflich/liebenswürdig
Koller	χλωρός, aj, hlorós, grün χολή, w, holí, Galle
Koma	κοιμάμαι, v, kimáme, schlafen
Komet	κομμωτής, m, komotís, Friseur κομμωτήριο, n, komotírio, Friseursalon
Komma	κόμμα, n, kóma, Partei/Komma κομμάτι, n, komáti, Stück/Teil κόβω, v, kówo, (ab-, zu-, heraus)schneiden/kürzen/pflücken/fällen
Kordel	χορδή, w, horδí, Saite/Sehne κορδόνι, n, korδóni, Schnur/Schnürsenkel κορδέλα, w, korδéla, Band/Bandmaß/Schleife
koronar	κορόνα, w, koróna, Krone
Koryphäe	κορυφή, w, korifí, Gipfel/Scheitel/Spitze/Koryphäe
Kosmetik Kosmetiker kosmetisch kosmisch	κόσμος, m, kósmos, Welt/Leute
Kosmonaut	κόσμος, m, kósmos, Welt/Leute ναύτης, m, náftis, Matrose/Seemann ναυτιλία, w, naftilía, Schifffahrt
Kosmopolit	κόσμος, m, kósmos, Welt/Leute πόλη, w, póli, Stadt πολίτης, m, polítis, Bürger/Zivilist πολιτισμός, m, politismós, Kultur/Zivilisation
Kran Kranich	γερανός, m, yeranós, Kran/Kranich
Krater	κρασί, n, krassí, Wein
Krise	κρίνω, v, kríno, urteilen/richten/kritisieren/meinen
Kristall kristallen	κρύος, aj, kríos, kalt/kühl κρυώνω, v, krióno, (ab)kühlen/frieren/kalt werden/sich erkälten κρέας, n, kréas, Fleisch

Kriterium	κρίνω, v, kríno, urteilen/richten/kritisieren/meinen
Kritik	
Kritiker	
kritisch	
kritisieren	
Krone	κορόνα, w, koróna, Krone
krönen	
Krypton	κρύβω, v, kríwo, verstecken/verbergen
	κρυφός, aj, krifós, heimlich/versteckt
	κρυφό, n, krifó, Geheimnis
	κρυφτό, n, kriftó, Versteckenspielen
Kübel	κύπελλο, n, kípelo, Becher/Pokal
	κυψέλη, w, kipséli, Bienenkorb/Bienenhaus
Kubikmeter	κύβος, m, kíwos, Würfel/Kubus
	μέτρο, n, métro, Meter/(Vers)Maß/Maßnahme
	μετρώ, v, metró, (ab)messen/zählen
	μέτριος, aj, métrios, mittlerer/mittelgroß/mittelmäßig
Kubismus	κύβος, m, kíwos, Würfel/Kubus
Küfer	κύπελλο, n, kípelo, Becher/Pokal
	κυψέλη, w, kipséli, Bienenkorb/Bienenhaus
Kupfer	Κύπρος, w, kípros, Zypern
	Κύπριος, m, kíprios, Zyprer
	κυπριακός, aj, kipriakós, zyprisch
Kuppe	κύπελλο, n, kípelo, Becher/Pokal
Kuppel	κυψέλη, w, kipséli, Bienenkorb/Bienenhaus
Kybernetik	κυβερνώ, v, kiwernó, regieren/steuern
	κυβέρνηση, w, kiwérnissi, Regierung
	κυβερνοχώρος, m, kiwernochóros, Cyberspace

L

Laie	λαός, m, laós, Volk/Leute
laienhaft	λαϊκός, aj, laikós, volkstümlich/einfach/weltlich
Laizismus	

Lampe Lampion	λάμπα, w, lámba, Lampe λαμπάδα, w, lambáδa, Fackel/Kerze λάμπω, v, lámbo, leuchten/scheinen/glänzen
Leier	λύρα, w, líra, Lyra/Leier
Leopard	λεοντάρι, n, leondári, Löwe παρδαλός, aj, parδalós, bunt (gescheckt) καμηλοπάρδαλη, w, kamilopárδali, Giraffe
Lesbe lesbisch	Λέσβος, w, léswos, Lesbos
Leukämie	λευκός, aj, lefkós, weiß αίμα, n, éma, Blut
Lexikon	λέξη, w, léxi, Wort λέω, v, léo, sagen/meinen/nennen
Lipid	λίπος, n, lípos, Fett αλείφω, v, alífo, bestreichen/(ein-, be)schmieren αλοιφή, w, alifí, Salbe
Logarithmus	λόγος, m, lóγos, Wort/Rede/Grund αριθμός, m, ariθmós, Zahl/Nummer/Ziffer
Logik logisch Logistik logistisch logo Logo	λόγος, m, lóγos, Wort/Rede/Grund
Logopäde	λόγος, m, lóγos, Wort/Rede/Grund παιδί, n, peδí, Kind παιδεία, w, peδía, (Aus)Bildung/Erziehung(swesen) παιδεύω, v, peδéwo, quälen/sich bemühen παιχνίδι, n, pechníδi, Spielzeug/Spiel παίζω, v, pézo, spielen παίκτης, m, péktis, Spieler
Löwe	λεοντάρι, n, leondári, Löwe
Lyrik Lyriker lyrisch	λύρα, w, líra, Lyra/Leier

M

Makroökonomie	μακρύς, aj, makrís, lang/weit
makroökonomisch	μακριά, av, makriá, weit
	μάκρος, n, mákros, Länge
	οικία, w, ikía, Haus
	οίκος, m, íkos, Haus
	οικογένεια, w, ikoγénia, Familie
	κατοικώ, v, katikó, (be)wohnen
	κάτοικος, m, kátikos, Bewohner
	κατοικία, w, katikía, Wohnsitz, -ort/Haus
	νόμισμα, n, nómisma, Währung/Münze
	νόμος, m, nómos, Gesetz/Regel
	νομική, w, nomikí, Rechtswissenschaft/Jura
	νομοθεσία, w, nomoθessía, Gesetzgebung
	νομός, m, nomós, Präfektur
	νομίζω, v, nomíζo, denken/glauben
Mama	μαμ(μ)ή, w, mamí, Hebamme
Margarete	μαργαριτάρι, n, marγaritári, Perle
Margarine	
Margerite	
Marmelade	μέλι, n, méli, Honig
	μέλισσα, w, mélissa, Biene
Marter	μάρτυρας, m, mártiras, Zeuge/Märtyrer
martern	μαρτυρώ, v, martiró, aussagen/bezeugen/verraten
Märtyrer	
Martyrium	
Masse	μάζα, w, máζa, Masse
massiv	μαζί, av, maζí, zusammen
Massiv	μαζεύω, v, maζéwo, (auf-, ein)sammeln
Mastix	μασώ, v, massó, kauen
	μαστίχα, w, mastícha, Kaugummi
Mathematik	μάθημα, n, máθima, Unterricht/Lektion/Lehre
Mathematiker	μαθητής, m, maθitís, Schüler
mathematisch	μαθαίνω, v, maθéno, lernen/lehren/erfahren

Mechanik	μηχανή, w, michaní, Maschine/Motor(rad)/Lokomotive/Apparat
Mechaniker	
mechanisch	
Mechanismus	
Medaille	μέταλλο, n, métalo, Metall
Medaillon	μεταλλείο, n, metalío, Bergwerk
Megafon	μεγάλος, aj, meγálos, groß/alt/erwachsen/lang
	μεγαλώνω, v, meγalóno, vergrößern/großziehen/übertreiben
	φωνή, w, foní, Stimme
	φωνάζω, v, fonáζo, rufen/schreien
Melancholie	μελάνι, n, meláni, Tinte
melancholisch	μελαχρινός, aj, melachrinós, brünett/dunkelhäutig
	χλωρός, aj, hlorós, grün
	χολή, w, holí, Galle
Melanie	μελάνι, n, meláni, Tinte
Melanin	μελαχρινός, aj, melachrinós, brünett/dunkelhäutig
Melanom	
Melissa	μέλι, n, méli, Honig
Melisse	μέλισσα, w, mélissa, Biene
Melitta	
Melodie	μέλος, n, mélos, (Mit)Glied/Gesang
Melodik	τραγούδι, n, traγúδi, Lied
melodisch	τραγουδώ, v, traγuδó, singen
	τραγουδιστής, m, traγuδistís, Sänger
Melodram	μέλος, n, mélos, (Mit)Glied/Gesang
	τραγούδι, n, traγúδi, Lied
	τραγουδώ, v, traγuδó, singen
	τραγουδιστής, m, traγuδistís, Sänger
	δρω, v, δro, handeln/wirken
	δράση, w, δrássi, Handlung/Tätigkeit/Wirkung
	δράμα, n, δráma, Drama/Tragödie
Melone	μήλο, n, mílo, Apfel
	μηλιά, w, miliá, Apfelbaum
Menthol	μέντα, w, ménta, Pfefferminze
Mesopotamien	μέση, w, méssi, Mitte/Taille
	μέσα, av, méssa, in/hinein/(dr)innen/innerhalb
	ποτάμι, n, potámi, Fluss
Metamorphose	μετά, p/av, metá, nach, hinter/danach, dann

↪	μορφή, w, morfí, Form/Gestalt/Aussehen μορφωμένος, aj, morfoménos, gebildet μόρφωση, w, mórfossi, Bildung
Metapher	μετά, p/av, metá, nach, hinter/danach, dann μεταφέρω, v, metaféro, befördern/übertragen μεταφορά, w, metaforá, Beförderung/Transport φέρνω, v, férno, bringen/holen φέρετρο, n, féretro, Sarg φορά, w, forá, Mal (Zeitpunkt) φορώ, v, foró, anziehen/tragen φόρος, m, fóros, Steuer/Gebühr φόρεμα, n, fórema, Kleid/Kleidungsstück φορτώνω, v, fortóno, (be)laden/aufbürden φορτηγό, n, fortiγó, Lastwagen/Frachter
Metaphysik	μετά, p/av, metá, nach, hinter/danach, dann φύση, w, físsi, Natur/Wesen/Beschaffenheit φυτό, n, fitó, Pflanze/Gewächs φυτεύω, v, fitéwo, (be-, ein)pflanzen φυτρώνω, v, fitróno, sprießen/keimen/wachsen/auftauchen
Metastase metastasieren	μετά, p/av, metá, nach, hinter/danach, dann στάζω, v, stáζo, tropfen
Metaxa	μετάξι, n, metáxi, Seide
Meter	μέτρο, n, métro, Meter/(Vers)Maß/Maßnahme μετρώ, v, metró, (ab)messen/zählen μέτριος, aj, métrios, mittlerer/mittelgroß/mittelmäßig
Methan Methanol	μεθώ, v, meθó, betrunken machen/sich betrinken/sich berauschen μεθύσι, n, meθíssi, Trunkenheit/Rausch μεθυσμένος, aj, meθisménos, betrunken
Methode Methodik methodisch Methodist methodistisch	οδός, w, οδós, Straße/Weg οδηγώ, v, οδiγó, führen/fahren/anleiten οδηγός, m, οδιγós, Führer/Fahrer οδηγία, w, οδiγía, Anweisung/Anleitung
Methyl	μεθώ, v, meθó, betrunken machen/sich betrinken/sich berauschen μεθύσι, n, meθíssi, Trunkenheit/Rausch μεθυσμένος, aj, meθisménos, betrunken

Metro	μητέρα, w, mitéra, Mutter
	μητρώο, n, mitróo, Register
Metropole	μητέρα, w, mitéra, Mutter
Metropolis	μητρώο, n, mitróo, Register
Metropolit	πόλη, w, póli, Stadt
	πολίτης, m, polítis, Bürger/Zivilist
	πολιτισμός, m, politismós, Kultur/Zivilisation
Migräne	κρανίο, n, kranío, Schädel
	κράνος, n, krános, Helm
Mikro	μικρός, aj, mikrós, klein/jung/kurz
Mikrobiologe	μικρός, aj, mikrós, klein/jung/kurz
Mikrobiologie	βίος, m, wíos, Leben
mikrobiologisch	λόγος, m, lóγos, Wort/Rede/Grund
Mikrofon	μικρός, aj, mikrós, klein/jung/kurz
	φωνή, w, foní, Stimme
	φωνάζω, v, fonáζo, rufen/schreien
Mikrokosmos	μικρός, aj, mikrós, klein/jung/kurz
	κόσμος, m, kósmos, Welt/Leute
Mikroökonomie	μικρός, aj, mikrós, klein/jung/kurz
mikroökonomisch	οικία, w, ikía, Haus
	οίκος, m, íkos, Haus
	οικογένεια, w, ikoγénia, Familie
	κατοικώ, v, katikó, (be)wohnen
	κάτοικος, m, kátikos, Bewohner
	κατοικία, w, katikía, Wohnsitz, -ort/Haus
	νόμισμα, n, nómisma, Währung/Münze
	νόμος, m, nómos, Gesetz/Regel
	νομική, w, nomikí, Rechtswissenschaft/Jura
	νομοθεσία, w, nomoθessía, Gesetzgebung
	νομός, m, nomós, Präfektur
	νομίζω, v, nomíζo, denken/glauben
Mikroorganismus	μικρός, aj, mikrós, klein/jung/kurz
	όργανο, n, órγano, Organ/Instrument/Apparat
	οργάνωση, w, orγánossi, Organisation
	οργανώνω, v, orγanóno, organisieren
	οργανισμός, m, orγanismós, Organisation/Organismus
Mikroskop	μικρός, aj, mikrós, klein/jung/kurz
mikroskopisch	σκοπός, m, skopós, Ziel/Zweck/Melodie/Wache
	σκοπεύω, v, skopéwo, zielen/vorhaben/anvisieren

Minze	μέντα, w, ménta, Pfefferminze
Mohr	μαύρος, aj, máwros, schwarz μαυρίζω, v, mawrízo, schwärzen/bräunen
Monarch Monarchie	μόνος, aj, mónos, allein/einsam/einzig μονός, aj, monós, einfach/ungerade μόνο, av, móno, nur αρχή, w, archí, Anfang/Beginn/Prinzip/Grundsatz/Behörde αρχίζω, v, archízo, anfangen/beginnen
Mönch	μοναχός, aj/m, monachós, allein, einsam/Mönch μοναξιά, w, monaxiá, Einsamkeit μοναστήρι, n, monastíri, Kloster μόνος, aj, mónos, allein/einsam/einzig μονός, aj, monós, einfach/ungerade μόνο, av, móno, nur
monochrom	μόνος, aj, mónos, allein/einsam/einzig μονός, aj, monós, einfach/ungerade μόνο, av, móno, nur χρώμα, n, hróma, Farbe έγχρωμος, aj, énhromos, farbig
monogam Monogamie	μόνος, aj, mónos, allein/einsam/einzig μονός, aj, monós, einfach/ungerade μόνο, av, móno, nur γάμος, m, γámos, Heirat/Hochzeit/Ehe γαμπρός, m, γambrós, Bräutigam/Schwiegersohn/Schwager
Monografie Monogramm	μόνος, aj, mónos, allein/einsam/einzig μονός, aj, monós, einfach/ungerade μόνο, av, móno, nur γράφω, v, γráfo, (auf)schreiben γραφή, w, γrafí, Schrift/Schreiben γραφείο, n, γrafío, Schreibtisch/Büro/Amt γραφειοκρατία, w, γrafiokratía, Bürokratie γραφομηχανή, w, γrafomichaní, Schreibmaschine γράμμα, n, γráma, Buchstabe/Brief γραμμή, w, γramí, Linie/Strich/Zeile/Reihe/Verbindung
Monolog	μόνος, aj, mónos, allein/einsam/einzig μονός, aj, monós, einfach/ungerade μόνο, av, móno, nur λόγος, m, lóγos, Wort/Rede/Grund

Monopol Monopolist Monopoly	μόνος, aj, mónos, allein/einsam/einzig μονός, aj, monós, einfach/ungerade μόνο, av, móno, nur πουλώ, v, puló, verkaufen πώληση, w, pólissi, Verkauf πωλητής, m, politís, Verkäufer
monoton Monotonie	μόνος, aj, mónos, allein/einsam/einzig μονός, aj, monós, einfach/ungerade μόνο, av, móno, nur τόνος, m, tónos, Ton/Nachdruck/Schwung/Spannung/Akzent τονώνω, v, tonóno, stärken/kräftigen τονίζω, v, toníζo, betonen
Monoxid	μόνος, aj, mónos, allein/einsam/einzig μονός, aj, monós, einfach/ungerade μόνο, av, móno, nur ξίδι, n, xíδi, Essig ξινός, aj, xinós, sauer
Morphologie morphologisch	μορφή, w, morfí, Form/Gestalt/Aussehen μορφωμένος, aj, morfoménos, gebildet μόρφωση, w, mórfossi, Bildung λόγος, m, lóγos, Wort/Rede/Grund
Moschus	μοσχάρι, n, mosshári, Kalb(fleisch)
Mühle	μύλος, m, mílos, Mühle μυλωνάς, m, milonás, Müller
München	μοναχός, aj/m, monachós, allein, einsam/Mönch
Münster	μοναστήρι, n, monastíri, Kloster
Muskat	μοσχάρι, n, mosshári, Kalb(fleisch)

N

Nanogramm	νάνος, m, nános, Zwerg γράφω, v, γráfo, (auf)schreiben γραφή, w, γrafí, Schrift/Schreiben γραφείο, n, γrafío, Schreibtisch/Büro/Amt γραφειοκρατία, w, γrafiokratía, Bürokratie γραφομηχανή, w, γrafomichaní, Schreibmaschine γράμμα, n, γráma, Buchstabe/Brief γραμμή, w, γramí, Linie/Strich/Zeile/Reihe/Verbindung
Narkose Narziss Narzisse Narzissmus	νάρκη, w, nárki, Narkose/Betäubung/Mine (Sprengkörper) ναρκωτικό, n, narkotikó, Betäubungsmittel/Droge ναρκομανής, aj/m, narkomanís, drogensüchtig, -abhängig/Drogensüchtiger, -abhängiger
Neapel	νέος, aj/m, néos, neu, jung/Jugendlicher νεολαία, w, neoléa, Jugend νεοελληνικά, n/pl, neoeliniká, Neugriechisch πόλη, w, póli, Stadt πολίτης, m, polítis, Bürger/Zivilist πολιτισμός, m, politismós, Kultur/Zivilisation
Neon	νέος, aj/m, néos, neu, jung/Jugendlicher νεολαία, w, neoléa, Jugend νεοελληνικά, n/pl, neoeliniká, Neugriechisch
Nerv nervlich nervös Nervosität neuralgisch	νεύρο, n, néwro, Nerv/Sehne νευριάζω, v, newriázo, (sich) aufregen νευρικός, aj, newrikós, nervös
Neurochirurg	νεύρο, n, néwro, Nerv/Sehne νευριάζω, v, newriázo, (sich) aufregen νευρικός, aj, newrikós, nervös χέρι, n, héri, Hand/Arm/Henkel/Griff χειρίζομαι, v, hirízome, bedienen/handhaben/betätigen/umgehen/behandeln χειροκροτώ, v, hirokrotó, (be)klatschen/applaudieren χειρόφρενο, n, hirófreno, Handbremse
Neurodermitis	νεύρο, n, néwro, Nerv/Sehne νευριάζω, v, newriázo, (sich) aufregen νευρικός, aj, newrikós, nervös

↪	δέρμα, n, δérma, Haut/Fell/Leder
	δερμάτινος, aj, δermátinos, ledern
Neurologe	νεύρο, n, néwro, Nerv/Sehne
Neurologie	νευριάζω, v, newriázo, (sich) aufregen
neurologisch	νευρικός, aj, newrikós, nervös
	λόγος, m, lóγos, Wort/Rede/Grund
Neurose	νεύρο, n, néwro, Nerv/Sehne
Neurotiker	νευριάζω, v, newriázo, (sich) aufregen
neurotisch	νευρικός, aj, newrikós, nervös
Nicole	νίκη, w, níki, Sieg
Niklas	νικώ, v, nikó, (be)siegen/schlagen
Nikolaus	νικητής, m, nikitís, Sieger
	λαός, m, laós, Volk/Leute
	λαϊκός, aj, laikós, volkstümlich/einfach/weltlich
Nomade	νόμισμα, n, nómisma, Währung/Münze
	νόμος, m, nómos, Gesetz/Regel
	νομική, w, nomikí, Rechtswissenschaft/Jura
	νομοθεσία, w, nomoθessía, Gesetzgebung
	νομός, m, nomós, Präfektur
	νομίζω, v, nomízo, denken/glauben
Nonne	νουννός/νουννά, m/w, nunós/nuná, Pate, Patenonkel/Patin, Patentante
Numismatik	νόμισμα, n, nómisma, Währung/Münze
	νόμος, m, nómos, Gesetz/Regel
	νομική, w, nomikí, Rechtswissenschaft/Jura
	νομοθεσία, w, nomoθessía, Gesetzgebung
	νομός, m, nomós, Präfektur
	νομίζω, v, nomízo, denken/glauben
Nymphe	νύφη, w, nífi, Braut/Schwiegertochter/Schwägerin

O

Obelisk	βέλος, n, wélos, Pfeil
	βελόνα, w, welóna, Nadel
Ode	τραγούδι, n, traγúδi, Lied
	τραγουδώ, v, traγuδó, singen

↪	τραγουδιστής, m, trayuδistís, Sänger
Ökologe	οικία, w, ikía, Haus
Ökologie	οίκος, m, íkos, Haus
ökologisch	οικογένεια, w, ikoyénia, Familie
	κατοικώ, v, katikó, (be)wohnen
	κάτοικος, m, kátikos, Bewohner
	κατοικία, w, katikía, Wohnsitz, -ort/Haus
	λόγος, m, lóyos, Wort/Rede/Grund
Ökonom	οικία, w, ikía, Haus
Ökonomie	οίκος, m, íkos, Haus
ökonomisch	οικογένεια, w, ikoyénia, Familie
	κατοικώ, v, katikó, (be)wohnen
	κάτοικος, m, kátikos, Bewohner
	κατοικία, w, katikía, Wohnsitz, -ort/Haus
	νόμισμα, n, nómisma, Währung/Münze
	νόμος, m, nómos, Gesetz/Regel
	νομική, w, nomikí, Rechtswissenschaft/Jura
	νομοθεσία, w, nomoθessía, Gesetzgebung
	νομός, m, nomós, Präfektur
	νομίζω, v, nomízo, denken/glauben
Ökumene	οικία, w, ikía, Haus
ökumenisch	οίκος, m, íkos, Haus
	οικογένεια, w, ikoyénia, Familie
	κατοικώ, v, katikó, (be)wohnen
	κάτοικος, m, kátikos, Bewohner
	κατοικία, w, katikía, Wohnsitz, -ort/Haus
Öl	ελιά, w, eliá, Olivenbaum/Olive/Muttermal
ölen	λάδι, n, láδi, Öl
ölig	
oliv	
Olive	
Omega	μεγάλος, aj, meyálos, groß/alt/erwachsen/lang
	μεγαλώνω, v, meyalóno, vergrößern/großziehen/übertreiben
Oregano	ρίγανη, w, ríyani, Oregano
Organ	όργανο, n, óryano, Organ/Instrument/Apparat
	οργάνωση, w, oryánossi, Organisation
	οργανώνω, v, oryanóno, organisieren
	οργανισμός, m, oryanismós, Organisation/Organismus
Organigramm	όργανο, n, óryano, Organ/Instrument/Apparat

↳

οργάνωση, w, oryánossi, Organisation
οργανώνω, v, oryanóno, organisieren
οργανισμός, m, oryanismós, Organisation/Organismus
γράφω, v, yráfo, (auf)schreiben
γραφή, w, yrafí, Schrift/Schreiben
γραφείο, n, yrafío, Schreibtisch/Büro/Amt
γραφειοκρατία, w, yrafiokratía, Bürokratie
γραφομηχανή, w, yrafomichaní, Schreibmaschine
γράμμα, n, yráma, Buchstabe/Brief
γραμμή, w, yramí, Linie/Strich/Zeile/Reihe/Verbindung

Organisation
Organisator
organisatorisch
organisch
organisieren
Organismus
Organist
Orgel

όργανο, n, óryano, Organ/Instrument/Apparat
οργάνωση, w, oryánossi, Organisation
οργανώνω, v, oryanóno, organisieren
οργανισμός, m, oryanismós, Organisation/Organismus

orthodox
Orthodoxie

ορθός, aj, orθós, aufrecht/gerade/richtig
όρθιος, aj, órθios, aufrecht/stehend
δόξα, w, δóxa, Ruhm
δοκιμάζω, v, δokimázo, (aus)probieren/versuchen/testen
δοκιμή, w, δokimí, (An)Probe/Test/Versuch/Experiment

Orthografie
orthografisch

ορθός, aj, orθós, aufrecht/gerade/richtig
όρθιος, aj, órθios, aufrecht/stehend
γράφω, v, yráfo, (auf)schreiben
γραφή, w, yrafí, Schrift/Schreiben
γραφείο, n, yrafío, Schreibtisch/Büro/Amt
γραφειοκρατία, w, yrafiokratía, Bürokratie
γραφομηχανή, w, yrafomichaní, Schreibmaschine
γράμμα, n, yráma, Buchstabe/Brief
γραμμή, w, yramí, Linie/Strich/Zeile/Reihe/Verbindung

Orthopäde
Orthopädie
orthopädisch

ορθός, aj, orθós, aufrecht/gerade/richtig
όρθιος, aj, órθios, aufrecht/stehend
παιδί, n, peδí, Kind
παιδεία, w, peδía, (Aus)Bildung/Erziehung(swesen)
παιδεύω, v, peδéwo, quälen/sich bemühen
παιχνίδι, n, pechníδi, Spielzeug/Spiel
παίζω, v, pézo, spielen
παίκτης, m, péktis, Spieler

Oxyd	ξίδι, n, xíδi, Essig
Oxydation	ξινός, aj, xinós, sauer
oxydieren	

P

Pädagoge	παιδί, n, peδí, Kind
Pädagogik	παιδεία, w, peδía, (Aus)Bildung/Erziehung(swesen)
pädagogisch	παιδεύω, v, peδéwo, quälen/sich bemühen
	παιχνίδι, n, pechníδi, Spielzeug/Spiel
	παίζω, v, péζo, spielen
	παίκτης, m, péktis, Spieler
Panorama	πάντα, av, pánda, immer
	πάντοτε, av, pándote, immer/stets
	παντού, av, pandú, überall
	όραμα, n, órama, Vision/Traum
	όραση, w, órassi, Sehvermögen
	τηλεόραση, w, tileórassi, Fernsehen/Fernseher
	ορατός, aj, oratós, sichtbar
Paprika	πιπέρι, n, pipéri, Pfeffer
	πιπεριά, w, piperiá, Paprika
Papst	παπάς, m, papás, Priester/Pfarrer
	παππούς, m, papús, Großvater/Opa
paradox	παρά, p, pará, neben/trotz/gegen/vor
	δόξα, w, δóxa, Ruhm
	δοκιμάζω, v, δokimáζo, (aus)probieren/versuchen/testen
	δοκιμή, w, δokimí, (An)Probe/Test/Versuch/Experiment
Paragraf	παρά, p, pará, neben/trotz/gegen/vor
	γράφω, v, γráfo, (auf)schreiben
	γραφή, w, γrafí, Schrift/Schreiben
	γραφείο, n, γrafío, Schreibtisch/Büro/Amt
	γραφειοκρατία, w, γrafiokratía, Bürokratie
	γραφομηχανή, w, γrafomichaní, Schreibmaschine
	γράμμα, n, γráma, Buchstabe/Brief
	γραμμή, w, γramí, Linie/Strich/Zeile/Reihe/Verbindung
parallel	παρά, p, pará, neben/trotz/gegen/vor
Parallele	άλλος, aj, álos, anderer

Parallelogramm	παρά, p, pará, neben/trotz/gegen/vor άλλος, aj, álos, anderer γράφω, v, γráfo, (auf)schreiben γραφή, w, γrafí, Schrift/Schreiben γραφείο, n, γrafío, Schreibtisch/Büro/Amt γραφειοκρατία, w, γrafiokratía, Bürokratie γραφομηχανή, w, γrafomichaní, Schreibmaschine γράμμα, n, γráma, Buchstabe/Brief γραμμή, w, γramí, Linie/Strich/Zeile/Reihe/Verbindung
Parameter	παρά, p, pará, neben/trotz/gegen/vor μέτρο, n, métro, Meter/(Vers)Maß/Maßnahme μετρώ, v, metró, (ab)messen/zählen μέτριος, aj, métrios, mittlerer/mittelgroß/mittelmäßig
Parasit	σιτάρι, n, sitári, Weizen/Getreide
Parodie parodieren	παρά, p, pará, neben/trotz/gegen/vor τραγούδι, n, traγúδi, Lied τραγουδώ, v, traγuδó, singen τραγουδιστής, m, traγuδistís, Sänger
Parodontose	παρά, p, pará, neben/trotz/gegen/vor δόντι, n, δóndi, Zahn
Patriarch patriarchalisch Patriarchat	πατέρας, m, patéras, Vater πατρίδα, w, patríδa, Vaterland/Heimat αρχή, w, archí, Anfang/Beginn/Prinzip/Grundsatz/Behörde αρχίζω, v, archízo, anfangen/beginnen
Pause pausieren	παύω, v, páwo, aufhören/einstellen/entlassen παύλα, w, páwla, Binde-, Gedankenstrich
Pedant pedantisch	παιδί, n, peδí, Kind παιδεία, w, peδía, (Aus)Bildung/Erziehung(swesen) παιδεύω, v, peδéwo, quälen/sich bemühen παιχνίδι, n, pechníδi, Spielzeug/Spiel παίζω, v, pézo, spielen παίκτης, m, péktis, Spieler
Pentagon	πέντε, nu, pénde, fünf γωνία, w, γonía, Ecke/Winkel γόνατο, n, γónato, Knie
Peperoni	πιπέρι, n, pipéri, Pfeffer πιπεριά, w, piperiá, Paprika

Periode	περί, p, perí, (her)um/über/für
periodisch	οδός, w, οδós, Straße/Weg
	οδηγώ, v, οδiγó, führen/fahren/anleiten
	οδηγός, m, οδιγós, Führer/Fahrer
	οδηγία, w, οδiγía, Anweisung/Anleitung
Peter	πέτρα, w, pétra, Stein
Petersilie	πέτρα, w, pétra, Stein
	σέλινο, n, sélino, Sellerie
Petra	πέτρα, w, pétra, Stein
Petroleum	πέτρα, w, pétra, Stein
	ελιά, w, eliá, Olivenbaum/Olive/Muttermal
	λάδι, n, láδi, Öl
	πετρέλαιο, n, petréleo, Erdöl/Petroleum
Pfeffer	πιπέρι, n, pipéri, Pfeffer
Pfifferling	πιπεριά, w, piperiá, Paprika
Phänomen	φανάρι, n, fanári, Laterne/Scheinwerfer/Ampel
phänomenal	φαινόμενο, n, fenómeno, Phänomen
Phantasie	φαίνομαι, v, fénome, (er)scheinen
phantasieren	φαντάζομαι, v, fandáζome, sich vorstellen/sich einbilden
phantastisch	φαντασία, w, fandassía, Phantasie
Phantom	φάντασμα, n, fándasma, Gespenst
	φανταστικός, aj, fandastikós, phantastisch/imaginär/fiktiv
Pharmazeut	φάρμακο, n, fármako, Medikament/Arznei/Medizin
Pharmazeutik	φαρμάκι, n, farmáki, Gift
pharmazeutisch	φαρμακείο, n, farmakío, Apotheke
Philanthrop	φίλος, m, fílos, Freund
	φίλη, w, fíli, Freundin
	φιλία, w, filía, Freundschaft
	φιλώ, v, filó, küssen
	φιλί, n, filí, Kuss
	φιλικός, aj, filikós, freundschaftlich/freundlich/gastlich
	φιλενάδα, w, filenáδa, Freundin
	άνθρωπος, m, ánθropos, Mensch
Philharmonie	φίλος, m, fílos, Freund
Philharmoniker	φίλη, w, fíli, Freundin
philharmonisch	φιλία, w, filía, Freundschaft
	φιλώ, v, filó, küssen

↪	φιλί, n, filí, Kuss φιλικός, aj, filikós, freundschaftlich/freundlich/gastlich φιλενάδα, w, filenáδa, Freundin αρμόζω, v, armózo, (an)passen αρμόδιος, aj, armóδios, passend/geeignet/zuständig/kompetent
Philipp	φίλος, m, fílos, Freund φίλη, w, fíli, Freundin φιλία, w, filía, Freundschaft φιλώ, v, filó, küssen φιλί, n, filí, Kuss φιλικός, aj, filikós, freundschaftlich/freundlich/gastlich φιλενάδα, w, filenáδa, Freundin ίππος, m, ípos, Pferd/Pferdestärke ιππασία, w, ipassía, Reiten/Reiterei/Reitsport ιππότης, m, ipótis, Ritter/Kavalier
Philologe Philologie philologisch	φίλος, m, fílos, Freund φίλη, w, fíli, Freundin φιλία, w, filía, Freundschaft φιλώ, v, filó, küssen φιλί, n, filí, Kuss φιλικός, aj, filikós, freundschaftlich/freundlich/gastlich φιλενάδα, w, filenáδa, Freundin λόγος, m, lóγos, Wort/Rede/Grund
Philosoph Philosophie philosophieren philosophisch	φίλος, m, fílos, Freund φίλη, w, fíli, Freundin φιλία, w, filía, Freundschaft φιλώ, v, filó, küssen φιλί, n, filí, Kuss φιλικός, aj, filikós, freundschaftlich/freundlich/gastlich φιλενάδα, w, filenáδa, Freundin σοφία, w, sofía, Weisheit σοφός, aj, sofós, weise/gelehrt
Phosphat	φώς, n, fos, Licht φωτιά, w, fotiá, Feuer/Brand φωτίζω, v, fotízo, (be-, er)leuchten/aufklären φωτοτυπία, w, fototipía, Fotokopie
Phosphor	φώς, n, fos, Licht φωτιά, w, fotiá, Feuer/Brand φωτίζω, v, fotízo, (be-, er)leuchten/aufklären φωτοτυπία, w, fototipía, Fotokopie

↪	φέρνω, v, férno, bringen/holen
	φέρετρο, n, féretro, Sarg
	φορά, w, forá, Mal (Zeitpunkt)
	φορώ, v, foró, anziehen/tragen
	φόρος, m, fóros, Steuer/Gebühr
	φόρεμα, n, fórema, Kleid/Kleidungsstück
	φορτώνω, v, fortóno, (be)laden/aufbürden
	φορτηγό, n, fortiγó, Lastwagen/Frachter
Phrase	φράζω, v, fráζo, einzäunen/versperren/verstopfen
	φράγμα, n, fráγma, Sperre/Zaun/Staudamm
Physik	φύση, w, físsi, Natur/Wesen/Beschaffenheit
physikalisch	φυτό, n, fitó, Pflanze/Gewächs
Physiker	φυτεύω, v, fitéwo, (be-, ein)pflanzen
	φυτρώνω, v, fitróno, sprießen/keimen/wachsen/auftauchen
Pinakothek	πίνακας, m, pínakas, (Schalt)Tafel/Tabelle/Verzeichnis/Gemälde
	θήκη, w, θíki, Kiste/Etui/Hülle/Scheide (Schwert)/Fach
Pirat	πείρα, w, píra, Erfahrung
Piraterie	πειράζω, v, piráζo, ärgern/schaden/aufregen/stören/verletzen/belästigen
	πείραμα, n, pírama, Experiment/Versuch
Plage	πληγή, w, pliγí, Wunde/Plage
plagen	
Plagiat	πλάγιος, aj, pláγios, schräg/indirekt/unlauter/Neben-
	πλαγιά, w, playiá, Abhang
	πλάι, av, plái, neben
Platane	πλατύς, aj, platís, breit/weit/eingehend
Plateau	πλάτη, w, pláti, Rücken/Schulter(blatt)/Rückenlehne
Platin	πλάτος, n, plátos, Breite/Weite
Platine	πλατεία, w, platía, Platz
platt	
Platte	
plätten	
Plattitüde	
Platz	
Plätzchen	
platzieren	
Plutonium	πλούτος, m, plútos, Reichtum
	πλούσιος, aj, plússios, reich/teuer/reichlich
	πλέω, v, pléo, fahren/segeln/schwimmen

↪	πλοίο, n, plío, Schiff
	πλένω, v, pléno, waschen/putzen/spülen
Pneumatik	πνεύμα, n, pnéwma, Geist
pneumatisch	πνέω, v, pnéo, wehen/blasen
	αναπνέω, v, anapnéo, (auf-, ein)atmen
	πνοή, w, pnoí, Hauch/Atemzug/Inspiration
	αναπνοή, w, anapnoí, Atem/Atmung
	πνευμόνι(α), n(pl), pnewmóni(a), Lunge(n)
	πνευμωνία, w, pnewmonía, Lungenentzündung
Podest	πόδι, n, póδi, Fuß/Bein
Podium	ποδιά, w, poδiá, Schürze
	ποδήλατο, n, poδílato, Fahrrad
	ποδόσφαιρο, n, poδósfero, Fußball
Poesie	ποίημα, n, píima, Gedicht
Poet	ποίηση, w, píissi, Dichtung/Poesie
poetisch	ποιητής, m, piitís, Dichter/Schöpfer
Polemik	πόλεμος, m, pólemos, Krieg/Kampf
polemisch	πολεμώ, v, polemó, Krieg führen/(be)kämpfen/sich bemühen
Poliklinik	πόλη, w, póli, Stadt
	πολίτης, m, polítis, Bürger/Zivilist
	πολιτισμός, m, politismós, Kultur/Zivilisation
	κλίνω, v, klíno, (sich) neigen/beugen/konjugieren/deklinieren
	κλίση, w, klíssi, Neigung/Beugung/Konjugation/Deklination
Politesse	πόλη, w, póli, Stadt
Politik	πολίτης, m, polítis, Bürger/Zivilist
Politiker	πολιτισμός, m, politismós, Kultur/Zivilisation
Politikum	
politisch	
Polizei	
Polizist	
Polynesien	πολύς, aj, polís, viel
	πολύ, av, polí, viel/lange
	νησί, n, nissí, Insel
Pore	πόρος, m, póros, Furt/Passage/Pore
porös	

pragmatisch	πράγμα, n, práγma, Sache/Ding
Pragmatismus	πράττω, v, práto, tun/handeln
Praktik	πράξη, w, práxi, Tat/Übung/Praxis
praktikabel	πραγματικός, aj, praγmatikós, wirklich/echt/wahr/real
Praktikabilität	πραγματικότητα, w, praγmatikótita, Wirklichkeit/Realität
Praktikant	
Praktiker	
Praktikum	
praktisch	
praktizieren	
Praxis	
pro	προ, p, pro, vor
	προς, p, pros, nach
	προτού, av, protú, bevor
	πρώτος, aj, prótos, erster
	πρωί, av/n, proí, früh, morgens/Morgen
Prognose	προ, p, pro, vor
prognostizieren	προς, p, pros, nach
	προτού, av, protú, bevor
	πρώτος, aj, prótos, erster
	πρωί, av/n, proí, früh, morgens/Morgen
	γνώση, w, γnóssi, Kenntnis/Vernunft
	γνώμη, w, γnómi, Meinung/Ansicht
	γνωρίζω, v, γnorízo, mitteilen/(er)kennen/kennen lernen/wissen
	γνωστός, aj, γnostós, bekannt
Programm	προ, p, pro, vor
Programmatik	προς, p, pros, nach
programmatisch	προτού, av, protú, bevor
programmieren	πρώτος, aj, prótos, erster
Programmierer	πρωί, av/n, proí, früh, morgens/Morgen
	γράφω, v, γráfo, (auf)schreiben
	γραφή, w, γrafí, Schrift/Schreiben
	γραφείο, n, γrafío, Schreibtisch/Büro/Amt
	γραφειοκρατία, w, γrafiokratía, Bürokratie
	γραφομηχανή, w, γrafomichaní, Schreibmaschine
	γράμμα, n, γráma, Buchstabe/Brief
	γραμμή, w, γramí, Linie/Strich/Zeile/Reihe/Verbindung

Prolog

προ, p, pro, vor
προς, p, pros, nach
προτού, av, protú, bevor
πρώτος, aj, prótos, erster
πρωί, av/n, proí, früh, morgens/Morgen
λόγος, m, lóγos, Wort/Rede/Grund

prophylaktisch

προ, p, pro, vor
προς, p, pros, nach
προτού, av, protú, bevor
πρώτος, aj, prótos, erster
πρωί, av/n, proí, früh, morgens/Morgen
φύλακας, m, fílakas, Wächter
φυλακή, w, filakí, Gefängnis
φυλάω, v, filáo, bewachen/beschützen/aufpassen/(auf)bewahren
προφυλακτικό, n, profilaktikó, Kondom/Präservativ

Prostata

προ, p, pro, vor
προς, p, pros, nach
προτού, av, protú, bevor
πρώτος, aj, prótos, erster
πρωί, av/n, proí, früh, morgens/Morgen
προστασία, w, prostassía, Schutz
προστάτης, m, prostátis, Beschützer/Prostata
προστατεύω, v, prostatéwo, (be)schützen/fördern
στάση, w, stássi, Halt(estelle)/Stillstand/(Ein)Stellung/Haltung/Aufstand
σταθμός, m, staθmós, Bahnhof/Sender/Station/Etappe
σταματώ, v, stamató, stoppen/aufhören/anhalten/abschalten
κατάστημα, n, katástima, Geschäft(sstelle)/Filiale/Laden
κατάσταση, w, katástassi, Zustand/Lage/Status/Situation
στάδιο, n, stáδio, Stadion/Stadium
στέκομαι, v, stékome, stehen/stehen bleiben/sich hinstellen/(still)halten
ιστός, m, istós, Mast/Gewebe
ιστοσελίδα, w, istosselíδa, Internetseite

Protein

πρώτος, aj, prótos, erster
προ, p, pro, vor
προς, p, pros, nach
προτού, av, protú, bevor
πρωί, av/n, proí, früh, morgens/Morgen

Prothese	προ, p, pro, vor προς, p, pros, nach προτού, av, protú, bevor πρώτος, aj, prótos, erster πρωί, av/n, proí, früh, morgens/Morgen θέση, w, θéssi, Lage/Platz/Sitz θέτω, v, θéto, setzen/stellen/legen/stecken θετικός, aj, θetikós, positiv
Protokoll protokollarisch protokollieren	πρώτος, aj, prótos, erster προ, p, pro, vor προς, p, pros, nach προτού, av, protú, bevor πρωί, av/n, proí, früh, morgens/Morgen κόλλα, w, kóla, Klebstoff/Papierbogen/Stärke/Leim κολλώ, v, koló, (zusammen-, an-, auf)kleben/löten/leimen/anstecken
Proton	πρώτος, aj, prótos, erster προ, p, pro, vor προς, p, pros, nach προτού, av, protú, bevor πρωί, av/n, proí, früh, morgens/Morgen
Prototyp	πρώτος, aj, prótos, erster προ, p, pro, vor προς, p, pros, nach προτού, av, protú, bevor πρωί, av/n, proí, früh, morgens/Morgen τύπος, m, típos, Typ/Form/Muster/Presse τυπικός, aj, tipikós, förmlich/typisch τυπώνω, v, tipóno, drucken/prägen τύψη, w, típsi, Gewissensbiss
Psalm Psalter	ψάλλω, v, psálo, singen
Pseudonym	ψέμα, n, pséma, Lüge ψευδής, aj, psewδís, falsch/unwahr/unehrlich/künstlich όνομα, n, ónoma, Name ονοματεπώνυμο, n, onomatepónimo, Vor- und Nachname επώνυμο, n, epónimo, Nachname
Psychiater Psychiatrie psychiatrisch	ψυχή, w, psichí, Seele/Psyche γιατρός, m, γiatrós, Arzt

Psychologe Psychologie psychologisch	ψυχή, w, psichí, Seele/Psyche λόγος, m, lóγos, Wort/Rede/Grund
psychosomatisch	ψυχή, w, psichí, Seele/Psyche σώμα, n, sóma, Körper/Körperschaft/Korps/Heizkörper σωματείο, n, somatío, Verein/Verband
Pyrotechnik Pyrotechniker	πυρετός, m, piretós, Fieber πυρκαγιά, w, pirkaγiá, Brand πυροσβεστική, w, piroswestikí, Feuerwehr τέχνη, w, téchni, Kunst/Handwerk/Kniff τεχνητός, aj, technitós, künstlich

R

Reis	ρύζι, n, ríζi, Reis
Rhabarber	βάρβαρος, aj/m, wárwaros, barbarisch/Barbar
Rhapsodie	ράβω, v, ráwo, nähen ράφτης, m, ráftis, Schneider τραγούδι, n, traγúδi, Lied τραγουδώ, v, traγuδó, singen τραγουδιστής, m, traγuδistís, Sänger
Rheuma rheumatisch	ρεύμα, n, réwma, Strom/Strömung/Luftzug ρέω, v, réo, fließen ροή, w, roí, Fluss/Lauf ρυάκι, n, riáki, Bach
Rhinozeros	κέρατο, n, kérato, Horn/Geweih
Rhododendron	ρόδο, n, róδo, Rose δέντρο, n, δéndro, Baum
Risiko riskant riskieren	ρίζα, w, ríζa, Wurzel
Risotto	ρύζι, n, ríζi, Reis
Rose	ρόδο, n, róδo, Rose
Rumba	ρόμβος, m, rómwos, Raute/Kreisel

S

Saccharose	ζάχαρη, w, ζáchari, Zucker
	ζάχαρο, n, ζácharo, Zuckerkrankheit
Sack	σάκος, m, sákos, Sack/Beutel
Säckel	σακούλα, w, sakúla, Tüte
Sakko	σακάκι, n, sakáki, Jackett/Sakko
Sandra	άνδρας, m, ánδras, Mann
Saurier	σαύρα, w, sáwra, Eidechse/Saurier
Schule	σχολείο, n, sholío, Schule
	σχόλιο, n, shólio, Kommentar/Anmerkung
	σχολιάζω, v, sholiáζo, kommentieren/erläutern/kritisieren
Sebastian	σεβαστός, aj, sewastós, respektabel/anerkennenswert
	σεβασμός, m, sewasmós, Achtung/Respekt/Ehrfurcht
	σέβομαι, v, séwome, respektieren/achten/(ver)ehren
Seismograf	σεισμός, m, sismós, Erdbeben
	γράφω, v, γráfo, (auf)schreiben
	γραφή, w, γrafí, Schrift/Schreiben
	γραφείο, n, γrafío, Schreibtisch/Büro/Amt
	γραφειοκρατία, w, γrafiokratía, Bürokratie
	γραφομηχανή, w, γrafomichaní, Schreibmaschine
	γράμμα, n, γráma, Buchstabe/Brief
	γραμμή, w, γramí, Linie/Strich/Zeile/Reihe/Verbindung
Seismologe	σεισμός, m, sismós, Erdbeben
	λόγος, m, lóγos, Wort/Rede/Grund
Sepia	σουπιά, w, supiá, Tintenfisch/Sepia
Sesam	σουσάμι, n, sussámi, Sesam
Silbe	συλλαβή, w, silawí, Silbe
	συλλαβίζω, v, silawíζo, buchstabieren/trennen
	συλαμβάνω, v, silamwáno, fangen/verhaften/fassen/festnehmen/begreifen
Sinfonie	συν, p, sin, plus
	συμφωνία, w, simfonía, Übereinstimmung/Vereinbarung/Abkommen/Sinfonie
	συμφωνώ, v, simfonó, übereinstimmen/einig sein
	φωνή, w, foní, Stimme
	φωνάζω, v, fonáζo, rufen/schreien

Siphon	σίφουνας, m, sífunas, Wirbelwind/Sturm
Skelett skelettieren	σκληρός, aj, sklirós, hart/grausam
Skepsis skeptisch	σκέψη, w, sképsi, Denken/Gedanke/Überlegung σκέφτομαι, v, skéftome, (nach)denken/überlegen/sich vorstellen/erwägen
Skizze skizzieren	σχέδιο, n, shéδio, Zeichnung/Entwurf/Plan/Muster σχεδιάζω, v, sheδiázo, zeichnen/entwerfen/vorhaben/skizzieren σχεδόν, av, sheδón, fast/beinahe/ziemlich
Sklerose	σκληρός, aj, sklirós, hart/grausam
somatisch	σώμα, n, sóma, Körper/Körperschaft/Korps/Heizkörper σωματείο, n, somatío, Verein/Verband
Sophie	σοφία, w, sofía, Weisheit σοφός, aj, sofós, weise/gelehrt
Spachtel spachteln	σπαθί, n, spaθí, Schwert
Spargel	σπαράγγι, n, sparángi, Spargel
Spastiker spastisch	σπάζω, v, spázo, (zer)brechen/knacken σπασμένος, aj, spasménos, zer-, gebrochen
Spatel	σπαθί, n, spaθí, Schwert
Spelunke	σπηλιά, w, spiliá, Höhle σπήλαιο, n, spíleo, Höhle/Grotte
Sperma	σπέρνω, v, spérno, säen/verbreiten σπόρος, m, spóros, Samen/Kern/Keim σποραδικός, aj, sporaδikós, sporadisch
Sphäre	σφαίρα, w, sféra, Kugel/Bereich ποδόσφαιρο, n, poδósfero, Fußball
Spirale	σπείρα, w, spíra, Spirale/Bande (Personen)
Spleen	σπλήνα, w, splína, Milz
sporadisch	σπέρνω, v, spérno, säen/verbreiten σπόρος, m, spóros, Samen/Kern/Keim
Stadion Stadium	στάση, w, stássi, Halt(estelle)/Stillstand/(Ein)Stellung/Haltung/Aufstand σταθμός, m, staθmós, Bahnhof/Sender/Station/Etappe σταματώ, v, stamató, stoppen/aufhören/anhalten/abschalten κατάστημα, n, katástima, Geschäft(sstelle)/Filiale/Laden

↪	κατάσταση, w, katástassi, Zustand/Lage/Status/Situation στάδιο, n, stáδio, Stadion/Stadium στέκομαι, v, stékome, stehen/stehen bleiben/sich hinstellen/(still)halten ιστός, m, istós, Mast/Gewebe ιστοσελίδα, w, istosselíδa, Internetseite
Stalagmit Stalaktit	στάζω, v, stázo, tropfen
Statik Statiker statisch	στάση, w, stássi, Halt(estelle)/Stillstand/(Ein)Stellung/Haltung/Aufstand σταθμός, m, staθmós, Bahnhof/Sender/Station/Etappe σταματώ, v, stamató, stoppen/aufhören/anhalten/abschalten κατάστημα, n, katástima, Geschäft(sstelle)/Filiale/Laden κατάσταση, w, katástassi, Zustand/Lage/Status/Situation στάδιο, n, stáδio, Stadion/Stadium στέκομαι, v, stékome, stehen/stehen bleiben/sich hinstellen/(still)halten ιστός, m, istós, Mast/Gewebe ιστοσελίδα, w, istosselíδa, Internetseite
Stefan Stefanie Steffen	στεφάνι, n, stefáni, Kranz/Reifen
Steno	στενός, aj, stenós, eng/schmal
Stenogramm Stenograf	στενός, aj, stenós, eng/schmal γράμμα, n, γráma, Buchstabe/Brief γραμμή, w, γramí, Linie/Strich/Zeile/Reihe/Verbindung γράφω, v, γráfo, (auf)schreiben γραφή, w, γrafí, Schrift/Schreiben γραφείο, n, γrafío, Schreibtisch/Büro/Amt γραφειοκρατία, w, γrafiokratía, Bürokratie γραφομηχανή, w, γrafomichaní, Schreibmaschine
Stereo	στερεός, aj, stereós, fest/solide/stabil/starr στεριά, w, steriá, Festland στηρίζω, v, stirízo, stützen
stereotyp Stereotyp	στερεός, aj, stereós, fest/solide/stabil/starr στεριά, w, steriá, Festland στηρίζω, v, stirízo, stützen τύπος, m, típos, Typ/Form/Muster/Presse τυπικός, aj, tipikós, förmlich/typisch

↪	τυπώνω, v, tipóno, drucken/prägen τύψη, w, típsi, Gewissensbiss
Stethoskop	στήθος, n, stíθos, Brust σκοπός, m, skopós, Ziel/Zweck/Melodie/Wache σκοπεύω, v, skopéwo, zielen/vorhaben/anvisieren
Stigma stigmatisiert	στιγμή, w, stiγmí, Augenblick/Moment
Stop stopfen Stopfen stoppen Stöpsel	στουπώνω, v, stupóno, (zu)stopfen στουπί, n, stupí, Stopfen/Stöpsel στούπωμα, n, stúpoma, Stopfen/Stöpsel
Story	ιστορία, w, istoría, Geschichte
strangulieren	στραγγαλίζω, v, strangalíζo, erwürgen/erdrosseln στραγγίζω, v, strangíζo, auspressen, -wringen/filtern
Stratege Strategie strategisch	στρατός, m, stratós, Armee/Heer στρατιώτης, m, stratiótis, Soldat στρώνω, v, stróno, ausbreiten/pflastern/decken
Strippe Strophe	στρίβω, v, stríwo, drehen/abbiegen στρέφω, v, stréfo, drehen/wenden στροφή, w, strofí, Kurve/Drehung/Wende/Strophe στραβός, aj, strawós, schief/falsch/blind/krumm στρόβιλος, m, strówilos, Wirbel/Strudel/Wirbelwind/Turbine
Symbiose	συν, p, sin, plus βίος, m, wíos, Leben
Symmetrie symmetrisch	συν, p, sin, plus μέτρο, n, métro, Meter/(Vers)Maß/Maßnahme μετρώ, v, metró, (ab)messen/zählen μέτριος, aj, métrios, mittlerer/mittelgroß/mittelmäßig
Symptom Symptomatik symptomatisch	πτώμα, n, ptóma, Leiche πτώση, w, ptóssi, Fall/(Ab-, Ein)Sturz
Synagoge	συν, p, sin, plus αγωγός, m, aγoγós, Leitung (Rohr)/Leiter (Physik)/Rohr/Rinne αγωγή, w, aγoγí, Erziehung/Verfahren/Behandlung/Klage αγώνας, m, aγónas, (Wett)Kampf/Schlacht αγωνία, w, aγonía, Besorgnis/Angst

synchron	συν, p, sin, plus
Synchronisation	χρόνος, m, hrónos, Zeit/Jahr/Takt
synchronisieren	σύγχρονος, aj, sínhronos, gleichzeitig/heutig/modern
Syndikat	συν, p, sin, plus
Syndikus	δίκη, w, δíki, Prozess
	δίκαιο, n, δíkeo, Recht
	δίκαιος, aj, δíkeos, gerecht
	δικαίωμα, n, δikéoma, Recht/Anspruch
	δικάζω, v, δikázo, richten/verurteilen
	δικηγόρος, m, δikiγóros, Rechtsanwalt
	δικαστήριο, n, δikastírio, Gericht
	δικαστής, m, δikastís, Richter
	δείχνω, v, δíchno, (an)zeigen
Syndrom	συν, p, sin, plus
	δρόμος, m, δrómos, Straße/Weg
Synergie	συν, p, sin, plus
	έργο, n, érγo, Werk/Tat/Aufgabe/Film/Arbeit
	εργασία, w, erγassía, Arbeit/Tätigkeit
	εργάζομαι, v, erγázome, arbeiten/funktionieren
	εργάτης, m, erγátis, Arbeiter
	εργοστάσιο, n, erγostássio, Fabrik/Werk
Synode	συν, p, sin, plus
	οδός, w, oδós, Straße/Weg
	οδηγώ, v, oδiγó, führen/fahren/anleiten
	οδηγός, m, oδiγós, Führer/Fahrer
	οδηγία, w, oδiγía, Anweisung/Anleitung
synonym	συν, p, sin, plus
Synonym	όνομα, n, ónoma, Name
	ονοματεπώνυμο, n, onomatepónimo, Vor- und Nachname
	επώνυμο, n, epónimo, Nachname
Syntax	συν, p, sin, plus
	τάξη, w, táxi, Ordnung/Reihenfolge/Klasse/Rang
	σύνταξη, w, síndaxi, Rente/Redaktion/Verfassen/Syntax
	εντάξει, av, endáxi, einverstanden/o.k./in Ordnung/korrekt
	συνταγή, w, sindaγí, Rezept
	σύνταγμα, n, síndaγma, Verfassung
	τακτικός, aj, taktikós, geregelt/ordentlich/regulär/regelmäßig
	τακτοποιώ, v, taktopió, regeln/ordnen
	ταξί, n, taxí, Taxi

↪	ταξίδι, n, taxíδi, Reise ταξιδεύω, v, taxiδéwo, reisen
Synthesizer	συν, p, sin, plus θέση, w, θéssi, Lage/Platz/Sitz θέτω, v, θéto, setzen/stellen/legen/stecken θετικός, aj, θetikós, positiv
Synthetik synthetisch	συν, p, sin, plus θέση, w, θéssi, Lage/Platz/Sitz θέτω, v, θéto, setzen/stellen/legen/stecken θετικός, aj, θetikós, positiv
Szenario Szene Szenerie	σκηνή, w, skiní, Zelt/Bühne/Szene σκηνοθεσία, w, skinoθessía, Regie

T

Tacho(meter)	ταχύς, aj, tachís, schnell/beschleunigt ταχύτητα, w, tachítita, Geschwindigkeit/Schnelligkeit/Gang (Auto) ταχυδρόμος, m, tachiδrómos, Postbote/Briefträger ταχυδρομείο, n, tachiδromío, Post(amt) μέτρο, n, métro, Meter/(Vers)Maß/Maßnahme μετρώ, v, metró, (ab)messen/zählen μέτριος, aj, métrios, mittlerer/mittelgroß/mittelmäßig
Taifun	τυφώνας, m, tifónas, Taifun
Taktik taktisch	τακτικός, aj, taktikós, geregelt/ordentlich/regulär/regelmäßig τακτοποιώ, v, taktopió, regeln/ordnen τάξη, w, táxi, Ordnung/Reihenfolge/Klasse/Rang σύνταξη, w, síndaxi, Rente/Redaktion/Verfassen/Syntax εντάξει, av, endáxi, einverstanden/o.k./in Ordnung/korrekt συνταγή, w, sindaγí, Rezept σύνταγμα, n, síndaγma, Verfassung ταξί, n, taxí, Taxi ταξίδι, n, taxíδi, Reise ταξιδεύω, v, taxiδéwo, reisen

Technik Techniker technisch Techno	τέχνη, w, téchni, Kunst/Handwerk/Kniff τεχνητός, aj, technitós, künstlich
Technologie technologisch	τέχνη, w, téchni, Kunst/Handwerk/Kniff τεχνητός, aj, technitós, künstlich λόγος, m, lóγos, Wort/Rede/Grund
Tektonik tektonisch	τέχνη, w, téchni, Kunst/Handwerk/Kniff τεχνητός, aj, technitós, künstlich
Theater Theatralik theatralisch	θέα, w, θéa, Aussicht/Anblick θέαμα, n, θéama, Schauspiel/Darbietung/Anblick
Theke	θήκη, w, θíki, Kiste/Etui/Hülle/Scheide (Schwert)/Fach
Thema Thematik thematisch thematisieren	θέτω, v, θéto, setzen/stellen/legen/stecken θετικός, aj, θetikós, positiv θέση, w, θéssi, Lage/Platz/Sitz
Theodor	Θεός, m, θeós, Gott θεϊκός, aj, θeïkós, göttlich δώρο, n, δóro, Geschenk δωρίζω, v, δoríζo, schenken
Theologe Theologie theologisch	Θεός, m, θeós, Gott θεϊκός, aj, θeïkós, göttlich λόγος, m, lóγos, Wort/Rede/Grund
Theoretiker theoretisch Theorie	θέα, w, θéa, Aussicht/Anblick θέαμα, n, θéama, Schauspiel/Darbietung/Anblick όραση, w, órassi, Sehvermögen τηλεόραση, w, tileórassi, Fernsehen/Fernseher όραμα, n, órama, Vision/Traum ορατός, aj, oratós, sichtbar
thermal Therme Thermik thermisch	θερμός, aj, θermós, warm/herzlich θερμαίνω, v, θerméno, heizen/erwärmen θερινός, aj, θerinós, sommerlich θερίζω, v, θeríζo, mähen/ernten
Thermometer	θερμός, aj, θermós, warm/herzlich θερμαίνω, v, θerméno, heizen/erwärmen θερινός, aj, θerinós, sommerlich θερίζω, v, θeríζo, mähen/ernten

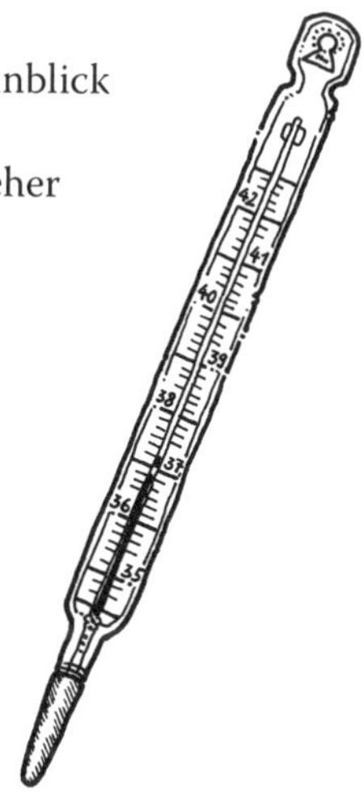

↪	μέτρο, n, métro, Meter/(Vers)Maß/Maßnahme μετρώ, v, metró, (ab)messen/zählen μέτριος, aj, métrios, mittlerer/mittelgroß/mittelmäßig
Thermostat	θερμός, aj, θermós, warm/herzlich θερμαίνω, v, θerméno, heizen/erwärmen θερινός, aj, θerinós, sommerlich θερίζω, v, θerízo, mähen/ernten στάση, w, stássi, Halt(estelle)/Stillstand/(Ein)Stellung/Haltung/Aufstand σταθμός, m, staθmós, Bahnhof/Sender/Station/Etappe σταματώ, v, stamató, stoppen/aufhören/anhalten/abschalten κατάστημα, n, katástima, Geschäft(sstelle)/Filiale/Laden κατάσταση, w, katástassi, Zustand/Lage/Status/Situation στάδιο, n, stáδio, Stadion/Stadium στέκομαι, v, stékome, stehen/stehen bleiben/sich hinstellen/(still)halten ιστός, m, istós, Mast/Gewebe ιστοσελίδα, w, istosselíδa, Internetseite
Thesaurus	θησαυρός, m, θissawrós, Schatz
These	θέση, w, θéssi, Lage/Platz/Sitz θέτω, v, θéto, setzen/stellen/legen/stecken θετικός, aj, θetikós, positiv
Thron	θρόνος, m, θrónos, Thron θρανίο, n, θranío, (Schul)Bank (Sitzgelegenheit)
Thymian	θυμάμαι, v, θimáme, sich erinnern, an jemanden/etwas denken θύμα, n, θíma, Opfer (Person) θυμός, m, θimós, Zorn/Wut θυσία, w, θissía, Opfer (Gabe) θυσιάζω, v, θissiázo, (sich auf)opfern
Ton tönen	τόνος, m, tónos, Ton/Nachdruck/Schwung/Spannung/Akzent τονώνω, v, tonóno, stärken/kräftigen τονίζω, v, toníζo, betonen
Topograf Topografie topografisch	τόπος, m, tópos, Ort/Platz/Gegend τοπίο, n, topío, Landschaft τοπικός, aj, topikós, örtlich γράφω, v, γráfo, (auf)schreiben γραφή, w, γrafí, Schrift/Schreiben γραφείο, n, γrafío, Schreibtisch/Büro/Amt γραφειοκρατία, w, γrafiokratía, Bürokratie

↪	γραφομηχανή, w, γrafomichaní, Schreibmaschine γράμμα, n, γráma, Buchstabe/Brief γραμμή, w, γramí, Linie/Strich/Zeile/Reihe/Verbindung
toxisch	τόξο, n, tóxo, Bogen Τοξότης, m, toxótis, Schütze (Sternzeichen)
Tragik tragisch Tragödie	τραγούδι, n, traγúδi, Lied τραγουδώ, v, traγuδó, singen τραγουδιστής, m, traγuδistís, Sänger τράγος, m, tráγos, Ziegenbock τραγανός, aj, traγanós, knusprig
Trapez	τραπέζι, n, trapéζi, Tisch τράπεζα, w, trápeζa, Bank (Kreditinstitut)
Trauma traumatisch	τραύμα, n, tráwma, Verletzung/Trauma τραυματίζω, v, trawmatíζo, verletzen/verwunden
Triathlet Triathlon	τρείς/τρία, nu, tris/tría, drei τρίγωνο, n, tríγono, Dreieck Τρίτη, w, tríti, Dienstag αθλητής, m, aθlitís, Sportler/Athlet αθλητισμός, m, aθlitismós, Sport
Trigonometrie	τρείς/τρία, nu, tris/tría, drei τρίγωνο, n, tríγono, Dreieck Τρίτη, w, tríti, Dienstag γωνία, w, γonía, Ecke/Winkel γόνατο, n, γónato, Knie μέτρο, n, métro, Meter/(Vers)Maß/Maßnahme μετρώ, v, metró, (ab)messen/zählen μέτριος, aj, métrios, mittlerer/mittelgroß/mittelmäßig
Trilogie	τρείς/τρία, nu, tris/tría, drei τρίγωνο, n, tríγono, Dreieck Τρίτη, w, tríti, Dienstag λόγος, m, lóγos, Wort/Rede/Grund
Tritium	τρείς/τρία, nu, tris/tría, drei τρίγωνο, n, tríγono, Dreieck Τρίτη, w, tríti, Dienstag
Triumph triumphieren	θρίαμβος, m, θríamwos, Triumph

Trochäus	τροχός, m, trochós, Rad
	τροχίζω, v, trochízo, schleifen/schärfen
	τρέχω, v, trécho, laufen/fließen
Tropen	τρόπος, m, trópos, Art/Verfahren
Trophäe	
tropisch	
Trumpf	θρίαμβος, m, θríamwos, Triumph
Tunfisch	τόννος, m, tónos, Tunfisch
Typ	τύπος, m, típos, Typ/Form/Muster/Presse
Type	τυπικός, aj, tipikós, förmlich/typisch
typisch	τυπώνω, v, tipóno, drucken/prägen
typisieren	τύψη, w, típsi, Gewissensbiss

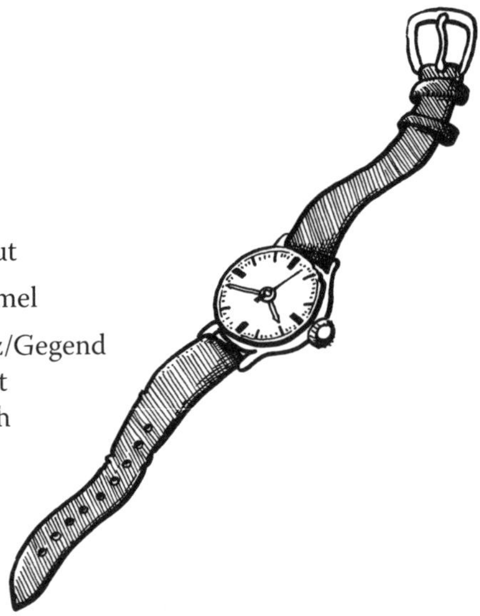

U

Uhr	ώρα, w, óra, Stunde/Zeit
	ωρολόι, n, orolói, Uhr
	ωραίος, aj, oréos, schön/gut
Uran	ουρανός, m, uranós, Himmel
Utopie	τόπος, m, tópos, Ort/Platz/Gegend
utopisch	τοπίο, n, topío, Landschaft
	τοπικός, aj, topikós, örtlich

W

Wams	βαμβάκι, n, wamwáki, Baumwolle

X

Xenon	ξένος, aj/m, xénos, fremd, ausländisch/Ausländer, Gast ξενοδοχείο, n, xenoδochío, Hotel φιλοξενία, w, filoxenía, Gastfreundschaft
Xenophobie	ξένος, aj/m, xénos, fremd, ausländisch/Ausländer, Gast ξενοδοχείο, n, xenoδochío, Hotel φιλοξενία, w, filoxenía, Gastfreundschaft φόβος, m, fówos, Angst/Furcht φοβάμαι, v, fowáme, Angst haben/sich fürchten
Xylofon	ξύλο, n, xílo, Holz φωνή, w, foní, Stimme φωνάζω, v, fonázo, rufen/schreien

Y

Ypsilon	ψηλός, aj, psilós, hoch/groß

Z

zentral Zentrale zentralisieren Zentralismus zentralistisch zentrieren Zentrum	κέντρο, n, kéndro, Mittelpunkt/Zentrum κεντρικός, aj, kendrikós, zentral κεντώ, v, kendó, stechen/sticken/anstacheln
Zirkel zirkeln zirkulieren Zirkus	τσίρκο, n, tsírko, Zirkus κρίκος, m, kríkos, Ring/Reifen/(Binde)Glied
Zither	κιθάρα, w, kiθára, Gitarre
Zitrone	κίτρινος, aj, kítrinos, gelb

Zone	ζώνη, w, ζóni, Gürtel/Zone
Zoo	ζώο, n, ζóo, Tier/Vieh
Zoologe	ζωή, w, ζοí, Leben
Zoologie	ζω, v, ζo, (er)leben
zoologisch	ζώδιο, n, ζóδio, Tierkreiszeichen/Sternzeichen
	ζωντανός, aj, ζondanós, lebendig/lebhaft
	ζωγραφίζω, v, ζoγrafíζo, malen/zeichnen
	ζωγράφος, m, ζoγráfos, Maler/Zeichner
	ζωγραφιά, w, ζoγrafiá, Bild/Gemälde/Zeichnung
	λόγος, m, lóγos, Wort/Rede/Grund
zyklisch	κύκλος, m, kíklos, Kreis/Zyklus
Zyklon	Κυκλάδες, w/pl, kikláδes, Kykladen
Zyklus	κυκλοφορώ, v, kikloforó, umhergehen/kreisen/umlaufen
	κυκλοφορία, w, kikloforía, Verkehr/Umlauf
zynisch	κυνηγός, m, kiniγós, Jäger/Stürmer (Fußball)
Zynismus	κυνηγώ, v, kiniγó, jagen/verfolgen
	κυνήγι, n, kiníγi, Jagd/Wild
	κυνηγητό, n, kiniγitó, Fangen spielen
Zypresse	κυπαρίσσι, n, kiparíssi, Zypresse

Zweiter Teil

Eselsbrückengriechisch – Deutsch

A

αγαθό, n, aγaθó, Habe (n)/Gut (n)
αγαθός, aj, aγaθós, gutmütig,-herzig/naiv

Agathe

αγγελία, w, angelía, Meldung/Nachricht/Bekanntmachung/Anzeige/Annonce
άγγελος, m, ángelos, Engel

Angela, Angelika, Engel, evangelisch, Evangelist, Evangelium

αγκαλιά, w, angaliá, Umarmung
αγκαλιάζω, v, angaliáζo, umarmen
άγκυρα, w, ángira, Anker
αγκύστρι, n, angístri, Angelhaken
αγκώνας, m, angónas, Ellbogen

Anker

αγνός, aj, aγnós, rein

Agnes

αγορά, w, aγorá, (Ein)Kauf/Markt(platz)
αγοράζω, v, aγoráζo, kaufen/bestechen

Kategorie, kategorisch

άγριος, aj, áγrios, wild/rau
αγρός, m, aγrós, Feld/Acker
αγρότης, m, aγrótis, Bauer/Landwirt

Agrarpolitik

αγωγή, w, aγoγí, Erziehung/Verfahren/Behandlung/Klage
αγωγός, m, aγoγós, Leitung (Rohr)/Leiter (Physik)/Rohr/Rinne
αγώνας, m, aγónas, (Wett)Kampf/Schlacht
αγωνία, w, aγonía, Besorgnis/Angst

Demagoge, Synagoge

αδελφή, w, aδelfí, Schwester
αδελφός, m, aδelfós, Bruder

Delfin

αέρας, m, aéras, Luft/Wind
αερίζω, v, aeríζo, lüften
αεροδρόμιο, n, aeroδrómio, Flughafen
αεροπλάνο, n, aeropláno, Flugzeug

Aerodynamik, aerodynamisch

αθλητής, m, aθlitís, Sportler/Athlet
αθλητισμός, m, aθlitismós, Sport

Athlet, Athletik, athletisch, Triathlet, Triathlon

αίθουσα, w, éθussa, Raum/Saal
αίθριος, aj, éθrios, heiter

Äthan, Äther

αίμα, n, éma, Blut

Anämie, Hämatom, Hämorride, Leukämie

αισθάνομαι, v, esθánome, (sich) fühlen/(be)merken/empfinden αίσθημα, n, ésθima, Gefühl/Empfindung	Anästhesie, Ästhet, Ästhetik, ästhetisch
ακουστικό, n, akustikó, (Kopf)Hörer ακούω, v, akúo, hören	Akustik, akustisch
άκρη, w, ákri, Ende/Rand/Spitze/Ecke ακρίβεια, w, akríwia, Genauigkeit/Teuerung ακριβός, aj, akriwós, teuer/lieb ακριβώς, av, akriwós, genau	akribisch, Akrobat, Akrobatik, akrobatisch
αλάτι, n, aláti, Salz	Halogen
αλείφω, v, alífo, bestreichen/(ein-, be)schmieren	Lipid
αλιεία, w, aliía, Fischerei	Halogen
άλλος, aj, álos, anderer	Allergie, Allergiker, allergisch, parallel, Parallele, Parallelogramm
άλμα, n, álma, Sprung	Halma
αλμυρός, aj, almirós, salzig	Halogen
αλοιφή, w, alifí, Salbe	Lipid
αναγγέλω, v, anangélo, bekannt geben/ankündigen	Angela, Angelika, Engel, evangelisch, Evangelist, Evangelium
αναπνέω, v, anapnéo, (auf-, ein)atmen αναπνοή, w, anapnoí, Atem/Atmung	Pneumatik, pneumatisch
ανάσταση, w, anástassi, Auferstehung	Anastasia
άνδρας, m, ánδras, Mann	Alexander, Alexandra, Andrea, Andreas, Sandra
ανεμιστήρας, m, anemistíras, Ventilator ανεμόμυλος, m, anemómilos, Windmühle άνεμος, m, ánemos, Wind	Anemone
ανθίζω, v, anθízo, blühen ανθοδέσμη, w, anθodésmi, Blumenstrauß άνθος, n, ánθos, Blüte	Anthologie, Chrysantheme
άνθρακας, m, ánθrakas, Kohle/Kohlenstoff ανθρακικό, n, anθrakikó, Kohlensäure	Anthrax, Anthrazit

άνθρωπος, m, ánθropos, Mensch	Anthropologe, Anthropologie, Philanthrop
αντί, p, andí, (an)statt/gegen	Antibiotikum, Antichrist, antidemokratisch, Antigen, Antithese, antizyklisch
από, p, apó, von/aus/durch/seit/ab	Apokalypse, Apostel, Apostroph, Apotheke, Apotheker
αποθήκη, w, apoθíki, Lager/Keller/Speicher	Apotheke, Apotheker
αποστολή, w, apostolí, (Ver)Sendung/Mission/Aufgabe/ Expedition	Apostel
αργός, aj, arγós, langsam/untätig αργότερα, av, arγótera, später	Argon
άρθρο, n, árθro, Artikel/Gelenk	Arthritis, Arthrose
αριθμός, m, ariθmós, Zahl/Nummer/Ziffer	Arithmetik, arithmetisch, Logarithmus
αριστερά, av/w, aristerá, links/Linke (Politik) άριστος, aj, áristos, ausgezeichnet	Aristokrat, Aristokratie, aristokratisch
αρκούδα, w, arkúδa, Bär	Antarktis Arktis
αρμόδιος, aj, armóδios, passend/geeignet/zuständig/ kompetent αρμόζω, v, armóζo, (an)passen	Harmonie, harmonieren, harmonisch, Philharmonie, Philharmoniker, philharmonisch
αρνί, n, arní, Schaf	Arnika
αρσενικός, aj, arssenikós, männlich/maskulin	Arsen
αρχαίος, aj, archéos, alt/antik	Archaik, archaisch, Archäologe, Archäologie, archäologisch
αρχείο, n, archío, Archiv/Datei	Archiv, Archivar, archivarisch, archivieren

αρχή, w, archí, Anfang/Beginn/Prinzip/Grundsatz/Behörde αρχίζω, v, archízo, anfangen/beginnen	Anarchie, anarchisch, Archaik, archaisch, Archäologe, Archäologie, archäologisch, Archipel, Architekt, architektonisch, Architektur, Archiv, Archivar, archivarisch, archivieren, Hierarchie, hierarchisch, Monarch, Monarchie, Patriarch, patriarchalisch, Patriarchat
άσκηση, w, áskissi, (Aus)Übung/Manöver ασκώ, v, askó, (aus)üben/ausbilden	Askese, Asket, asketisch
ασπίδα, w, aspíδa, Schild/Natter	Aspik
αστέρι, n, astéri, Stern/Star άστρο, n, ástro, Stern/Star αστροναύτης, m, astronáftis, Astronaut/Raumfahrer	Aster, Asteroid, Astrologe, Astrologie, astrologisch, Astronaut, Astronom, Astronomie, astronomisch, Astrophysik
ασφάλεια, w, asfália, Sicherheit/Versicherung/Sicherung ασφαλίζω, v, asfalízo, (ver)sichern ασφάλιση, w, asfálissi, Sicherung/Versicherung	Asphalt
ατμομηχανή, w, atmomichaní, Dampfmaschine ατμός, m, atmós, Dampf	Atmosphäre
αυλαία, w, awléa, Vorhang αυλή, w, awlí, Hof	Aula
αυτοκίνητο, n, aftokínito, Auto αυτόματο, n, aftómato, Automat/Maschinengewehr αυτός, pn, aftós, dieser/er	Auto, Autobiograf, Autobiografie, autobiografisch, Autodidakt, autodidaktisch, Autogramm, Automat, Automatik, automatisch, autonom, Autonomie
αφρός, m, afrós, Schaum	Aphrodisiakum

B

βαμβάκι, n, wamwáki, Baumwolle	Bombast, bombastisch, Wams
βάναυσος, aj, wánafsos, grob/ungehobelt	Banause
βαράω, v, waráo, schlagen/prügeln/verwunden/erlegen	Bar (Maßeinheit), Bariton, Barometer
βάρβαρος, aj/m, wárwaros, barbarisch/Barbar	Barbar, Barbara, Barbarei, barbarisch, Berber, Rhabarber
βάρος, n, wáros, Gewicht/Last/Schwere	Bar (Maßeinheit), Bariton, Barometer
βαρύς, aj, warís, schwer/tief/stark	Bar (Maßeinheit), Bariton, Barometer
βάση, w, wássi, Basis/Grundlage/Fundament/Sockel/Stützpunkt	Akrobat, Akrobatik, akrobatisch
βασιλιάς, m, wassiliás, König βασιλικός, aj/m, wassilikós, königlich/Basilikum	Basilika, Basilikum
βαφτίζω, v, waftízo, taufen βάφω, v, wáfo, färben/streichen	Baptist
βελόνα, w, welóna, Nadel βέλος, n, wélos, Pfeil	Obelisk
βιβλίο, n, wiwlío, Buch βίβλος, w, wíwlos, Bibel	Bibel, Bibliothek, Bibliothekar, biblisch
βίος, m, wíos, Leben	Amphibie, Antibiotikum, Autobiograf, Autobiografie, autobiografisch, Biochemie, biochemisch, Biograf, Biografie, biografisch, Biologe, Biologie, biologisch, Biomasse, Biosphäre, Biotechnologie, Biotop, Mikrobiologe, Mikrobiologie, mikrobiologisch, Symbiose

βλάβη, w, wláwi, Schaden (m) βλάπτω, v, wlápto, schaden/beschädigen βλαστημώ, v, wlastimó, (ver)fluchen/lästern/beschimpfen	blamabel, Blamage, blamieren, Blasphemie, blasphemisch
βόδι, n, wóδi, Rind/Ochse	Bosporus
βολή, w, wolí, Wurf/Schuss βολίδα, w, wolíδa, Kugel	Bolide
βοσκός, m, woskós, Hirte βόσκω, v, wósko, weiden βότανο, n, wótano, Kraut	Botanik
βούτυρο, n, wútiro, Butter	Butter
βραχιόλι, n, wrachióli, Armband	brachial, Bratsche, Brezel
βρόμα, w, wróma, Gestank/Dreck βρόμη, w, wrómi, Hafer βρομιά, w, wromiá, Dreck/Schweinerei βρόμικος, aj, wrómikos, schmutzig/dreckig βρομώ, v, wromó, stinken βροντή, w, wrondí, Donner βροντώ, v, wrondó, donnern/grollen/dröhnen/poltern	Brom
βρύση, w, wríssi, Quelle/Brunnen/Wasserhahn	Embryo

Γ

γάλα, n, γála, Milch	galaktisch, Galaxie
γάμος, m, γámos, Heirat/Hochzeit/Ehe γαμπρός, m, γambrós, Bräutigam/Schwiegersohn/Schwager	monogam, Monogamie
γενέθλια, n/pl, γenéθlia, Geburtstag γενιά, w, γeniá, Geschlecht/Generation/Stamm/Rasse γενικός, aj, γenikós, allgemein γέννηση, w, γénissi, Geburt/Entstehung γεννιέμαι, v, γeniéme, geboren werden/entstehen γεννώ, v, γenó, gebären/hervorrufen γένος, n, γénos, Geschlecht/Herkunft/Abstammung	Antigen, Eugen, fotogen, Gen, Genetik, genetisch, Genre, Halogen, homogen, Homogenität, Kollagen
γερανός, m, γeranós, Kran/Kranich	Kran, Kranich

γεωργία, w, γeoryía, Landwirtschaft Γεώργιος, m, γeóryios, Georg γεωργός, m, γeoryós, Bauer/Landwirt	Georg, Georgien, Jörg, Jürgen
γη, w, γi, Erde/Boden γήινος, aj, γíinos, irdisch γήπεδο, n, γípeδo, Sportplatz	Geograf, Geografie, geografisch, Geoid, Geologe, Geologie, geologisch, Geometrie, geometrisch, Georg, Georgien
γιατρός, m, γiatrós, Arzt	Psychiater, Psychiatrie, psychiatrisch
γίγαντας, m, γíγandas, Riese	gigantisch
γίνομαι, v, γínome, werden/entstehen/geschehen/stattfinden	Antigen, Eugen, fotogen, Gen, Genetik, genetisch, Genre, Halogen, homogen, Homogenität, Kollagen
γλυκό, n, γlikó, Süßigkeit/Süßes/Kuchen γλυκός, aj, γlikós, süß/mild/lieblich	Glucose, Glykol, Glyzerin
γλώσσα, w, γlóssa, Zunge/Sprache	Glossar, Glosse
γνώμη, w, γnómi, Meinung/Ansicht γνωρίζω, v, γnoríζo, mitteilen/(er)kennen/kennen lernen/wissen γνώση, w, γnóssi, Kenntnis/Vernunft γνωστός, aj, γnostós, bekannt	Diagnose, diagnostizieren, Prognose, prognostizieren
γόμα, w, γóma, Radiergummi	Gummi
γόνατο, n, γónato, Knie	diagonal, Diagonale, Pentagon, Trigonometrie
γράμμα, n, γráma, Buchstabe/Brief γραμμή, w, γramí, Linie/Strich/Zeile/Reihe/Verbindung γραφείο, n, γrafío, Schreibtisch/Büro/Amt γραφειοκρατία, w, γrafiokratía, Bürokratie γραφή, w, γrafí, Schrift/Schreiben γραφομηχανή, w, γrafomichaní, Schreibmaschine γράφω, v, γráfo, (auf)schreiben	Autobiograf, Autobiografie, autobiografisch, Autogramm, Biograf, Biografie, biografisch, Choreograf, Choreografie, Chronograf, Demografie, demografisch, Diagramm, Elektroenzephalogramm (EEG), Elektrokardiogramm (EKG),

↪ 	Enzephalogramm, Fotograf, Fotografie, Geograf, Geografie, geografisch, Graf, Grafik, Grafiker, Gramm, Grammatik, Grammofon, Griffel, Hologramm, Kartografie, kartografisch, Kilogramm, Monografie, Monogramm, Nanogramm, Organigramm, Orthografie, orthografisch, Paragraf, Parallelogramm, Programm, Programmatik, programmatisch, programmieren, Programmierer, Seismograf, Stenograf, Stenogramm, Topograf, Topografie, topografisch
γρήγορος, aj, γríγoros, schnell	Gregor, gregorianisch
γυμνάζω, v, γimnáζo, ausbilden/schulen/dressieren/trainieren γυμνός, aj, γimnós, nackt/kahl	Gymnasiast, Gymnasium, Gymnastik
γυναίκα, w, γinéka, Frau	Gynäkologe, Gynäkologie, gynäkologisch
γυρεύω, v, γiréwo, suchen/verlangen γυρίζω, v, γiríζo, (sich um)drehen/wenden/zurückgeben, -kehren, -kommen γύρος, m, γíros, Kreis/Drehung/Runde/Rundgang/Ring/Gyros	Giro, Gyros
γύψος, m, γípsos, Gips	Gips
γωνία, w, γonía, Ecke/Winkel	diagonal, Diagonale, Pentagon, Trigonometrie

Δ

δάνειο, n, δánio, Darlehen	dosieren, Dosis
δάσκαλος, m, δáskalos, Lehrer	Autodidakt, autodidaktisch, Didaktik, didaktisch
δαχτυλίδι, n, δachtilíδi, Ring δάχτυλο, n, δáchtilo, Finger/Zeh	Dattel
δειλός, aj, δilós, ängstlich/feige δεινός, aj, δinós, furchtbar/heftig/ungeheuer	Dinosaurier
δείχνω, v, δíchno, (an)zeigen	Syndikat, Syndikus
δέντρο, n, δéndro, Baum	Rhododendron
δένω, v, δéno, (zu)binden	Diadem
δέρμα, n, δérma, Haut/Fell/Leder δερμάτινος, aj, δermátinos, ledern	Dermatologe, Dermatologie, dermatologisch, Neurodermitis
δήμος, m, δímos, Stadt δημοσιεύω, v, δimossiéwo, veröffentlichen δημόσιος, aj, δimóssios, öffentlich	antidemokratisch, Demagoge, Demografie, demografisch, Demokrat, Demokratie, demokratisch, Demoskopie, Epidemie
διά, p, δiá, durch/über/für	Dia, Diabetes, Diabetiker, Diadem, Diagnose, diagnostizieren, diagonal, Diagonale, Diagramm, Dialekt, Dialog, Dialyse, diametral, Diaphragma, Diaspora
διάβαση, w, δiáwassi, Durchgang/Passage/Übergang/Überquerung/Pass (Gebirge) διαβατήριο, n, δiawatírio, (Reise)Pass διαβάτης, m, δiawátis, Passant διαβήτης, m, δiawítis, Zirkel/Diabetes	Diabetes, Diabetiker
διαλέγω, v, δialéγo, aussuchen/auswählen	Dialekt

διδάσκω, v, διδásko, lehren/unterrichten	Autodidakt, autodidaktisch, Didaktik, didaktisch
δικάζω, v, δikázo, richten/verurteilen δίκαιο, n, δíkeo, Recht δίκαιος, aj, δíkeos, gerecht δικαίωμα, n, δikéoma, Recht/Anspruch δικαστήριο, n, δikastírio, Gericht δικαστής, m, δikastís, Richter δίκη, w, δíki, Prozess δικηγόρος, m, δikiγóros, Rechtsanwalt	Syndikat, Syndikus
δίνω, v, δíno, (ab-, auf)geben	dosieren, Dosis
διοίκηση, w, δiíkissi, Verwaltung/Leitung διοικητής, m, δiikitís, Verwalter/Geschäftsführer/Leiter διοικώ, v, δiikó, verwalten/leiten	Diözese
δίπλα, p, δípla, neben διπλός, aj, δiplós, doppelt/zweifach δίπλωμα, n, δíploma, Falten (n)/Einwickeln/Diplom/Zeugnis διπλώνω, v, δiplóno, falten/einwickeln	Diplom, Diplomat, Diplomatie, diplomatisch
δίσκος, m, δískos, Scheibe/Tablett/Schallplatte/Diskette	Diskette, Disko(thek)
δοκιμάζω, v, δokimázo, (aus)probieren/versuchen/testen δοκιμή, w, δokimí, (An)Probe/Test/Versuch/Experiment	Dogma, Dogmatik, dogmatisch, orthodox, Orthodoxie, paradox
δόντι, n, δóndi, Zahn	Parodontose
δόξα, w, δóxa, Ruhm	Dogma, Dogmatik, dogmatisch, orthodox, Orthodoxie, paradox
δόση, w, δóssi, Dosis/Rate	dosieren, Dosis
δράκος, m, δrákos, Drache	Drache
δράση, w, δrássi, Handlung/Tätigkeit/Wirkung	Drama, Dramatik, dramatisch, Dramaturg, Dramaturgie, drastisch, Melodram
δρόμος, m, δrómos, Straße/Weg	Dromedar, Syndrom

δρω, v, δro, handeln/wirken	Drama, Dramatik, dramatisch, Dramaturg, Dramaturgie, drastisch, Melodram
δύναμη, w, δínami, Kraft/Macht/Potenz δυνατός, aj, δinatós, stark/kräftig/möglich/laut	Aerodynamik, aerodynamisch, Dynamik, dynamisch, Dynamit, Dynamo, Dynastie
δύο, nu, δío, zwei	Diode, Dioxin, Dioxyd
δωρίζω, v, δorízo, schenken δώρο, n, δóro, Geschenk	Dorothee, Theodor

E

εαυτός, pn, eaftós, ich selbst	Auto, Autobiograf, Autobiografie, autobiografisch, Autodidakt, autodidaktisch, Autogramm, Automat, Automatik, automatisch, autonom, Autonomie
έγκαυμα, n, éngawma, Verbrennung/Brand	Holocaust
εγκέφαλος, m, engéfalos, Gehirn	Elektroenzephalogramm (EEG), Enzephalogramm
έγχρωμος, aj, énhromos, farbig	Chrom, Chromosom, monochrom
εγώ, pn, εγó, ich	Egoist, egozentrisch
έδαφος, n, éδafos, Boden/Terrain έδρα, w, éδra, Sitz/Seite	Hexaeder, Kathedrale
έθιμο, n, éθimo, Sitte/Brauch έθνος, n, éθnos, Nation	Ethik

είδηση, w, ίδissi, Nachricht/Meldung ειδικός, aj/m, ιδikós, besonderer, spezieller/Fachmann, Experte, Spezialist είδος, n, ίδos, Art/Artikel ειδύλλιο, n, ιδílio, Idyll(e) είδωλο, n, ίδolo, Götzenbild/Idol	Asteroid, Geoid, ideal, Ideal, Idealismus, Idealist, Idee, ideell, Ideologe, Ideologie, ideologisch, Idol, Idyll, Idylle, idyllisch, Kaleidoskop
ειρήνη, w, iríni, Frieden	Irene
είσοδος, w, íssoδos, Eingang/Einfahrt/Eintritt/Zutritt	Episode
εκατό, nu, ekató, Hundert	Hektar, Hektoliter
εκδότης, m, ekδótis, Herausgeber	dosieren, Dosis
εκτός, av, ektós, außerhalb/außer	Ekstase, ekstatisch, Ekzem
ελιά, w, eliá, Olivenbaum/Olive/Muttermal	Öl, ölen, ölig, oliv, Olive, Petroleum
έλικας, m, élikas, Spirale/Schiffsschraube/Propeller	Helikopter
Ελλάδα, w, eláδa, Griechenland	Hellas, hellenisch, Hellenismus
έλλειμα, n, élima, Defizit/Fehlbetrag έλλειψη, w, élipsi, Mangel	Ellipse, elliptisch
Έλληνας/Ελληνίδα, m/w, élinas/eliníδa, Grieche/Griechin ελληνικά, n/pl, eliniká, Griechisch ελληνικός, aj, elinikós, griechisch	Hellas, hellenisch, Hellenismus
εντάξει, av, endáxi, einverstanden/o.k./in Ordnung/korrekt	Syntax, Taktik, taktisch
εντός, p, endós, in/innerhalb	Atomenergie, Embryo, Energie, Enthusiasmus, enthusiastisch, Enzyklopädie, Enzym
έξι, nu, éxi, sechs	Hexaeder, Hexan
έξω, av, éxo, (dr)außen εξωτερικό, n, exoterikó, Ausland	Ekstase, ekstatisch, Ekzem, Exodus, Exorzist, Exotik, exotisch, exzentrisch
επί, p, epí, auf/an/unter	Epidemie, Episode, Epizentrum

επώνυμο, n, epónimo, Nachname	anonym, Anonymität, Pseudonym, synonym, Synonym
ερασιτέχνης, m, erassitéchnis, Amateur εραστής, m, erastís, Liebhaber	Eros, Erotik, erotisch
εργάζομαι, v, erγáζome, arbeiten/funktionieren εργασία, w, erγassía, Arbeit/Tätigkeit εργάτης, m, erγátis, Arbeiter έργο, n, érγo, Werk/Tat/Aufgabe/Film/Arbeit εργοστάσιο, n, erγostássio, Fabrik/Werk	Allergie, Allergiker, allergisch, Atomenergie, Energie, Synergie
έρημος, aj/w, érimos, unbewohnt, öde, einsam, verlassen/ Wüste	Eremit, Eremitage
έρωτας, m, érotas, (körperliche) Liebe	Eros, Erotik, erotisch
εσωτερικό, n, essoterikó, Innere/Innenseite/Binnenland/ Inland	Esoterik, esoterisch
ευγενικός, aj, ewγenikós, höflich/liebenswürdig	Antigen, Eugen, fotogen, Gen, Genetik, genetisch, Genre, Halogen, homogen, Homogenität, Kollagen
ευχάριστος, aj, efcháristos, angenehm ευχαριστώ, v, efcharistó, danken/erfreuen/zufrieden stellen/ Danke! ευχαρίστως, av, efcharístos, gern(e)	Charisma, charismatisch, Eucharistie
έχω, v, écho, haben	Hektik, hektisch

Z

ζάχαρη, w, ζáchari, Zucker ζάχαρο, n, ζácharo, Zuckerkrankheit	Saccharose
ζεματίζω, v, ζematíζo, (ver)brühen ζεματιστός, aj, ζematistós, kochend heiß ζεσταίνω, v, ζesténo, (er)wärmen ζέστη, w, ζésti, Wärme/Hitze ζεστός, aj, ζestós, warm/heiß	Ekzem

ζηλεύω, v, ζiléwo, beneiden/eifersüchtig sein ζήλια, w, ζília, Neid/Eifersucht	Jalousie
ζυμάρι, n, ζimári, Teig ζύμη, w, ζími, Teig/Hefe ζυμώνω, v, ζimóno, kneten	Enzym
ζω, v, ζo, (er)leben ζωγραφιά, w, ζoγrafiá, Bild/Gemälde/Zeichnung ζωγραφίζω, v, ζoγrafíζo, malen/zeichnen ζωγράφος, m, ζoγráfos, Maler/Zeichner ζώδιο, n, ζódio, Tierkreiszeichen/Sternzeichen ζωή, w, ζoí, Leben	Zoo, Zoologe, Zoologie, zoologisch
ζώνη, w, ζóni, Gürtel/Zone	Zone
ζωντανός, aj, ζondanós, lebendig/lebhaft ζώο, n, ζóo, Tier/Vieh	Zoo, Zoologe, Zoologie, zoologisch

H

ήθος, n, íθos, Charakter/Wesen	Ethik
ήλιος, m, ílios, Sonne	Elektriker, elektrisch, elektrisieren, Elektroenzephalogramm (EEG), Elektrokardiogramm (EKG), Elektronenmikroskop, Elektronik, elektronisch, Helium
ήρωας, m, íroas, Held	Heroin
ήχος, m, íchos, Klang/Schall/Ton	Echo

Θ

θάνατος, m, θánatos, Tod	Euthanasie
θέα, w, θéa, Aussicht/Anblick θέαμα, n, θéama, Schauspiel/Darbietung/Anblick	Theater, Theatralik, theatralisch, Theoretiker, theoretisch, Theorie
θεϊκός, aj, θeïkós, göttlich Θεός, m, θeós, Gott	Atheismus, Atheist, atheistisch, Dorothee, Enthusiasmus, enthusiastisch, Theodor, Theologe, Theologie, theologisch
θερίζω, v, θerízo, mähen/ernten θερινός, aj, θerinós, sommerlich θερμαίνω, v, θerméno, heizen/erwärmen θερμός, aj, θermós, warm/herzlich	thermal, Therme, Thermik, thermisch, Thermometer, Thermostat
θέση, w, θéssi, Lage/Platz/Sitz θετικός, aj, θetikós, positiv θέτω, v, θéto, setzen/stellen/legen/stecken	Antithese, Fotosynthese, Hypothese, hypothetisch, Prothese, Synthesizer, Synthetik, synthetisch, Thema, Thematik, thematisch, thematisieren, These
θήκη, w, θíki, Kiste/Etui/Hülle/ Scheide (Schwert)/Fach	Apotheke, Apotheker, Bibliothek, Bibliothekar, Disko(thek), Hypothek, Pinakothek, Theke
θησαυρός, m, θissawrós, Schatz	Thesaurus
θρανίο, n, θranío, (Schul)Bank (Sitzgelegenheit)	Thron
θρίαμβος, m, θríamwos, Triumph	Triumph, triumphieren, Trumpf
θρόνος, m, θrónos, Thron	Thron
θύμα, n, θíma, Opfer (Person) θυμάμαι, v, θimáme, sich erinnern, an jemanden/etwas denken θυμός, m, θimós, Zorn/Wut θυσία, w, θissía, Opfer (Gabe) θυσιάζω, v, θissiáζo, (sich auf)opfern	Thymian

I

ιδέα, w, ιδéa, Idee/Ansicht/Vorstellung	Asteroid, Geoid, ideal, Ideal, Idealismus, Idealist, Idee, ideell, Ideologe, Ideologie, ideologisch, Idol, Idyll, Idylle, idyllisch, Kaleidoskop
ίδιος, aj, íδios, derselbe/gleich/eigen ιδιότητα, w, iδiótita, Eigenschaft ιδιώτης, m, iδiótis, Privatmann ιδιωτικός, aj, iδiotikós, privat	Idiot, idiotisch
ιδρύω, v, iδrío, gründen	Hexaeder, Kathedrale
ιερός, aj, ierós, heilig	Hierarchie, hierarchisch
ιππασία, w, ipassía, Reiten/Reiterei/Reitsport ίππος, m, ípos, Pferd/Pferdestärke ιππότης, m, ipótis, Ritter/Kavalier	Hippo(potamus), Philipp
ίσιος, aj, íssios, gerade/direkt ίσος, aj, íssos, gleich ισότητα, w, issótita, Gleichheit	isotonisch
ιστορία, w, istoría, Geschichte	Historie, Historiker, historisch, Story
ιστός, m, istós, Mast/Gewebe ιστοσελίδα, w, istosselíδa, Internetseite	Anastasia, Ekstase, ekstatisch, Prostata, Stadion, Stadium, Statik, Statiker, statisch, Thermostat

K

καθαρίζω, v, kaθarízo, reinigen/säubern καθαριότητα, w, kaθariótita, Sauberkeit καθαρός, aj, kaθarós, sauber/klar/deutlich/rein	Katharina
κάθετος, aj/w, káθetos, senkrecht, vertikal/Senkrechte, Vertikale	Kathete, Katheter

καθόλου, av, kaθólu, überhaupt (nicht)	Katholik, katholisch, Katholizismus
κάθομαι, v, káθome, sitzen/sich setzen/wohnen	Kathedrale
καίω, v, kéo, (ver)brennen	Holocaust
καλός, aj, kalós, gut	Kaleidoskop
καλύβα, w, kalíwa, Hütte/Baracke καλύπτω, v, kalípto, (ver-, be)decken	Apokalypse, Eukalyptus
καμάρα, w, kamára, Bogen/Gewölbe/Arkade κάμαρα, w, kámara, Zimmer/Stube καμαριέρα, w, kamariéra, Zimmermädchen	Kamera, Kamerad, Kammer, Kämmerer
καμηλοπάρδαλη, w, kamilopárδali, Giraffe	Leopard
καρδιά, w, karδiá, Herz/Kernstück	Elektrokardiogramm (EKG), Kardiologe, Kardiologie, kardiologisch
καρκίνος, m, karkínos, Krebs	Karzinom
καστανός, aj, kastanós, (kastanien)braun	Kastagnette, Kastanie
κάστορας, m, kástoras, Biber	Castor
κατά, p, katá, nach/gemäß/gegen/während	Katalog, katalogisieren, Katalysator, Katarr, katastrophal, Katastrophe, Kategorie, kategorisch, Kater (Unwohlsein), Kathode
καταράκτης, m, kataráktis, Wasserfall/grauer Star	Katarr, Kater (Unwohlsein)
κατάσταση, w, katástassi, Zustand/Lage/Status/Situation κατάστημα, n, katástima, Geschäft(sstelle)/Filiale/Laden	Anastasia, Ekstase, ekstatisch, Prostata, Stadion, Stadium, Statik, Statiker, statisch, Thermostat
κατοικία, w, katikía, Wohnsitz, -ort/Haus κάτοικος, m, kátikos, Bewohner κατοικώ, v, katikó, (be)wohnen	Makroökonomie, makroökonomisch, Mikroökonomie, mikroökonomisch, Ökologe, Ökologie, ökologisch, Ökonom, Ökonomie,

↪	ökonomisch, Ökumene, ökumenisch
κάτω, av, káto, unten/weniger	Katalog, katalogisieren, Katalysator, Katarr, katastrophal, Katastrophe, Kategorie, kategorisch, Kater (Unwohlsein), Kathode
καυτερός, aj, kafterós, heiß/scharf καυτός, aj, kaftós, heiß	Holocaust
κεντρικός, aj, kendrikós, zentral κέντρο, n, kéndro, Mittelpunkt/Zentrum κεντώ, v, kendó, stechen/sticken/anstacheln	Center, egozentrisch, Epizentrum, exzentrisch, zentral, Zentrale, zentralisieren, Zentralismus, zentralistisch, zentrieren, Zentrum
κεραμίδι, n, keramídi, Dachziegel	Keramik
κεράσι, n, kerássi, Kirsche κερασιά, w, kerassiá, Kirschbaum	Kirsche
κέρατο, n, kérato, Horn	Karat, Keratin, Rhinozeros
κερί, n, kerí, Kerze/Wachs	Kerosin
κεφάλαιο, n, kefáleo, Kapitel/Kapital κεφάλι, n, kefáli, Kopf	Elektroenzephalogramm (EEG), Enzephalogramm
κιθάρα, w, kiθára, Gitarre	Gitarre, Gitarrist, Zither
κινηματογράφος, m, kinimatoyráfos, Kino κίνηση, w, kínissi, Bewegung/Verkehr/Betrieb κινητό, n, kinitó, Mobiltelefon/Handy κινώ, v, kinó, bewegen/treiben	Cineast, Cinema, Kinematik, Kinetik, kinetisch, Kino
κίτρινος, aj, kítrinos, gelb	Zitrone
κλέβω, v, kléwo, stehlen	Kleptomane
κλιματισμός, m, klimatismós, Klimaanlage κλίνω, v, klíno, (sich) neigen/beugen/konjugieren/deklinieren κλίση, w, klíssi, Neigung/Beugung/Konjugation/Deklination	Klima, klimatisch, Klinik, Klinikum, klinisch, Poliklinik
κλοπή, w, klopí, Diebstahl	Kleptomane
κλωνάρι, n, klonári, Zweig/Ast	Klon, klonen

κόβω, v, kówo, (ab-, zu-, heraus)schneiden/kürzen/pflücken/fällen	Komma
κοιμάμαι, v, kimáme, schlafen	Koma
κόκκαλο, n, kókalo, Knochen/Gräte κόκκινος, aj, kókinos, rot κόκκος, m, kókos, Korn/Gran/Körnchen/Knötchen	Kokos
κόλλα, w, kóla, Klebstoff/Papierbogen/Stärke/Leim κολλώ, v, koló, (zusammen-, an-, auf)kleben/löten/leimen/anstecken	Kollagen, Protokoll, protokollarisch, protokollieren
κόλπο, n, kólpo, Trick/Streich/Coup	Coup
κόλπος, m, kólpos, Schoß/Golf (Geografie)	Golf
κόμμα, n, kóma, Partei/Komma κομμάτι, n, komáti, Stück/Teil	Komma
κομμωτήριο, n, komotírio, Friseursalon κομμωτής, m, komotís, Friseur	Komet
κορδέλα, w, korδéla, Band/Bandmaß/Schleife κορδόνι, n, korδóni, Schnur/Schnürsenkel	Akkord, Akkordeon, Cord, Kordel
κορόνα, w, koróna, Krone	koronar, Krone, krönen
κορυφή, w, korifí, Gipfel/Scheitel/Spitze/Koryphäe	Koryphäe
κόσμος, m, kósmos, Welt/Leute	Kosmetik, Kosmetiker, kosmetisch, kosmisch, Kosmonaut, Kosmopolit, Mikrokosmos
κουκί, n, kukí, Saubohne/Korn κουκουνάρα, n, kukunára, Tannenzapfen κουκούτσι, n, kukútsi, Kern (Frucht)/Stein (Frucht)	Kokos
κουνούπι, n, kunúpi, Stechmücke	Kanapee
κοφίνι, n, kofíni, Korb	Koffer
κοχύλι, n, kochíli, Muschel	Kogge
κρανίο, n, kranío, Schädel κράνος, n, krános, Helm	Migräne

κρασί, n, krassí, Wein	Krater
κρατικός, aj, kratikós, staatlich κράτος, n, krátos, Staat κρατώ, v, krató, (be-, fest-, aus)halten/(auf)bewahren	antidemokratisch, Aristokrat, Aristokratie, aristokratisch, Demokrat, Demokratie, demokratisch
κρέας, n, kréas, Fleisch	Kristall, kristallen
κρίκος, m, kríkos, Ring/Reifen/(Binde)Glied	Bezirk, Zirkel, zirkeln, zirkulieren, Zirkus
κρίνω, v, kríno, urteilen/richten/kritisieren/meinen	Krise, Kriterium, Kritik, Kritiker, kritisch, kritisieren
κρύβω, v, kríwo, verstecken/verbergen	grotesk, Groteske, Grotte, Gruft, Krypton
κρύος, aj, kríos, kalt/kühl	Kristall, kristallen
κρυφό, n, krifó, Geheimnis κρυφός, aj, krifós, heimlich/versteckt κρυφτό, n, kriftó, Versteckenspielen	grotesk, Groteske, Grotte, Gruft, Krypton
κρυώνω, v, krióno, (ab)kühlen/frieren/kalt werden/ sich erkälten	Kristall, kristallen
κυβέρνηση, w, kiwérnissi, Regierung κυβερνοχώρος, m, kiwernochóros, Cyberspace κυβερνώ, v, kiwernó, regieren/steuern	Gouvernante, Gouverneur, Kybernetik
κύβος, m, kíwos, Würfel/Kubus	Kubikmeter, Kubismus
Κυκλάδες, w/pl, kikláδes, Kykladen κύκλος, m, kíklos, Kreis/Zyklus κυκλοφορία, w, kikloforía, Verkehr/Umlauf κυκλοφορώ, v, kikloforó, umhergehen/kreisen/umlaufen	antizyklisch, Enzyklopädie, zyklisch, Zyklon, Zyklus
κυνηγητό, n, kiniγitó, Fangen spielen κυνήγι, n, kiníγi, Jagd/Wild κυνηγός, m, kiniγós, Jäger/Stürmer (Fußball) κυνηγώ, v, kiniγó, jagen/verfolgen	zynisch, Zynismus
κυπαρίσσι, n, kiparíssi, Zypresse	Zypresse
κύπελλο, n, kípelo, Becher/Pokal	Cembalo, Coupé, Coupon, Cup, Kübel, Küfer, Kuppe, Kuppel

κυπριακός, aj, kipriakós, zyprisch Κύπριος, m, kíprios, Zyprer Κύπρος, w, kípros, Zypern	Kupfer
Κυριακή, w, kiriakí, Sonntag κύριος, m, kírios, Herr	Kirche, kirchlich, Kirmes
κυψέλη, w, kipséli, Bienenkorb/Bienenhaus	Cembalo, Coupé, Coupon, Cup, Kübel, Küfer, Kuppe, Kuppel
κώλος, m, kólos, Hintern/Gesäß	Kolibakterie, Kolik
κωμικός, aj/m, komikós, lustig/Komiker κωμωδία, w, komoδía, Komödie	Comic

Λ

λάδι, n, láδi, Öl	Öl, ölig, ölen, oliv, Olive, Petroleum
λαϊκός, aj, laikós, volkstümlich/einfach/weltlich	Klaus, Laie, laienhaft, Laizismus, Nicole, Niklas, Nikolaus
λάμπα, w, lámba, Lampe λαμπάδα, w, lambáδa, Fackel/Kerze λάμπω, v, lámbo, leuchten/scheinen/glänzen	Lampe, Lampion
λαός, m, laós, Volk/Leute	Klaus, Laie, laienhaft, Laizismus, Nicole, Niklas, Nikolaus
λάστιχο, n, lásticho, Gummi/Reifen	Elastik, elastisch, Elastizität
λείπω, v, lípo, fehlen	Ellipse, elliptisch
λέξη, w, léxi, Wort	Dialekt, Lexikon
λεοντάρι, n, leondári, Löwe	Chamäleon, Leopard, Löwe
Λέσβος, w, léswos, Lesbos	Lesbe, lesbisch
λευκός, aj, lefkós, weiß	Leukämie
λέω, v, léo, sagen/meinen/nennen	Dialekt, Lexikon

λίπος, n, lípos, Fett	Lipid
λόγος, m, lóγos, Wort/Rede/Grund	analog, Analogie, Anthologie, Anthropologe, Anthropologie, Archäologe, Archäologie, archäologisch, Astrologe, Astrologie, astrologisch, Biologe, Biologie, biologisch, Biotechnologie, Chronologie, chronologisch, Dermatologe, Dermatologie, dermatologisch, Dialog, Geologe, Geologie, geologisch, Gynäkologe, Gynäkologie, gynäkologisch, Ideologe, Ideologie, ideologisch, Kardiologe, Kardiologie, kardiologisch, Katalog, katalogisieren, Logarithmus, Logik, logisch, Logistik, logistisch, logo, Logo, Logopäde, Mikrobiologe, Mikrobiologie, mikrobiologisch, Monolog, Morphologie, morphologisch, Neurologe, Neurologie, neurologisch, Ökologe, Ökologie, ökologisch, Philologe, Philologie, philologisch, Prolog, Psychologe, Psychologie, psychologisch, Seismologe, Technologie, technologisch, Theologe, Theologie, theologisch, Trilogie, Zoologe, Zoologie, zoologisch

λύνω, v, líno, (auf)lösen/losbinden/zerlegen

Analyse, analysieren, Analysis, Analyst, Dialyse, Katalysator

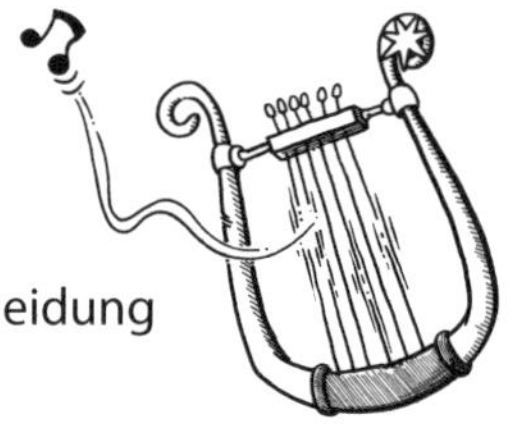

λύρα, w, líra, Lyra/Leier

Leier, Lyrik, Lyriker, lyrisch

λύση, w, líssi, (Auf)Lösung/Entscheidung

Analyse, analysieren, Analysis, Analyst, Dialyse, Katalysator

M

μάζα, w, máζa, Masse
μαζεύω, v, maζéwo, (auf-, ein)sammeln
μαζί, av, maζí, zusammen

Biomasse, Masse, massiv, Massiv

μαθαίνω, v, maθéno, lernen/lehren/erfahren
μάθημα, n, máθima, Unterricht/Lektion/Lehre
μαθητής, m, maθitís, Schüler

Mathematik, Mathematiker, mathematisch

μακριά, av, makriá, weit
μάκρος, n, mákros, Länge
μακρύς, aj, makrís, lang/weit

Makroökonomie, makroökonomisch

μαλακός, aj, malakós, weich/mild

Amalgam

μαμ(μ)ή, w, mamí, Hebamme

Mama

μαργαριτάρι, n, maryaritári, Perle

Margarete, Margarine, Margerite

μάρτυρας, m, mártiras, Zeuge/Märtyrer
μαρτυρώ, v, martiró, aussagen/bezeugen/verraten

Marter, martern, Märtyrer, Martyrium

μαστίχα, w, mastícha, Kaugummi
μασώ, v, massó, kauen

Mastix

μαυρίζω, v, mawríζo, schwärzen/bräunen
μαύρος, aj, máwros, schwarz

Mohr

μεγάλος, aj, meyálos, groß/alt/erwachsen/lang
μεγαλώνω, v, meyalóno, vergrößern/großziehen/übertreiben

Megafon, Omega

μεθύσι, n, meθíssi, Trunkenheit/Rausch μεθυσμένος, aj, meθisménos, betrunken μεθώ, v, meθó, betrunken machen/sich betrinken/sich berauschen	Amethyst, Methan, Methanol, Methyl
μελάνι, n, meláni, Tinte μελαχρινός, aj, melachrinós, brünett/dunkelhäutig	Melancholie, melancholisch, Melanie, Melanin, Melanom
μέλι, n, méli, Honig μέλισσα, w, mélissa, Biene	Marmelade, Melissa, Melisse, Melitta
μέλος, n, mélos, (Mit)Glied/Gesang	Melodie, Melodik, melodisch, Melodram
μέντα, w, ménta, Pfefferminze	Menthol, Minze
μέσα, av, méssa, in/hinein/(dr)innen/innerhalb μέση, w, méssi, Mitte/Taille	Mesopotamien
μετά, p/av, metá, nach, hinter/danach, dann	Metamorphose, Metapher, Metaphysik, Metastase, metastasieren
μεταλλείο, n, metalío, Bergwerk μέταλλο, n, métalo, Metall	Medaille, Medaillon
μετάξι, n, metáxi, Seide	Metaxa
μεταφέρω, v, metaféro, befördern/übertragen μεταφορά, w, metaforá, Beförderung/Transport	Metapher
μέτριος, aj, métrios, mittlerer/mittelgroß/mittelmäßig μέτρο, n, métro, Meter/(Vers)Maß/Maßnahme μετρώ, v, metró, (ab)messen/zählen	Asymmetrie, asymmetrisch, Barometer, diametral, Geometrie, geometrisch, Kilometer, Kubikmeter, Meter, Parameter, Symmetrie, symmetrisch, Tacho(meter), Thermometer, Trigonometrie
μηλιά, w, miliá, Apfelbaum μήλο, n, mílo, Apfel	Kamille, Melone
μητέρα, w, mitéra, Mutter μητρώο, n, mitróo, Register	Metro, Metropole, Metropolis, Metropolit

μηχανή, w, michaní, Maschine/Motor(rad)/Lokomotive/ Apparat	Mechanik, Mechaniker, mechanisch, Mechanismus
μικρός, aj, mikrós, klein/jung/kurz	Elektronenmikroskop, Mikro, Mikrobiologe, Mikrobiologie, mikrobiologisch, Mikrofon, Mikrokosmos, Mikroökonomie, mikroökonomisch, Mikroorganismus, Mikroskop, mikroskopisch
(o)μιλώ, v, (o)miló, sprechen/reden/sich unterhalten	homogen, Homogenität
μισός, aj, missós, halb	Hemisphäre
μοναξιά, w, monaxiá, Einsamkeit	Mönch
μοναστήρι, n, monastíri, Kloster	Mönch, Münster
μοναχός, aj/n, monachós, allein, einsam/Mönch	Mönch, München
μόνο, av, móno, nur μόνος, aj, mónos, allein/einsam/einzig μονός, aj, monós, einfach/ungerade	Monarch, Monarchie, Mönch, monochrom, monogam, Monogamie, Monografie, Monogramm, Monolog, Monopol, Monopolist, Monopoly, monoton, Monotonie, Monoxid
μορφή, w, morfí, Form/Gestalt/Aussehen μορφωμένος, aj, morfoménos, gebildet μόρφωση, w, mórfossi, Bildung	Metamorphose, Morphologie, morphologisch
μοσχάρι, n, mosshári, Kalb(fleisch)	Moschus, Muskat
μπράτσο, n, brátso, Arm	brachial, Bratsche, Brezel
μύλος, m, mílos, Mühle μυλωνάς, m, milonás, Müller	Mühle

N

νάνος, m, nános, Zwerg	Nanogramm
νάρκη, w, nárki, Narkose/Betäubung/Mine (Sprengkörper) ναρκομανής, aj/m, narkomanís, drogensüchtig, -abhängig/Drogensüchtiger, -abhängiger ναρκωτικό, n, narkotikó, Betäubungsmittel/Droge	Narkose, Narziss, Narzisse, Narzissmus
ναύτης, m, náftis, Matrose/Seemann ναυτιλία, w, naftilía, Schifffahrt	Astronaut, Kosmonaut
νεοελληνικά, n/pl, neoeliniká, Neugriechisch νεολαία, w, neoléa, Jugend νέος, aj/m, néos, neu, jung/Jugendlicher	Neapel, Neon
νευριάζω, v, newriázo, (sich) aufregen νευρικός, aj, newrikós, nervös νεύρο, n, néwro, Nerv/Sehne	Nerv, nervlich, nervös, Nervosität, neuralgisch, Neurochirurg, Neurodermitis, Neurologe, Neurologie, neurologisch, Neurose, Neurotiker, neurotisch
νησί, n, nissí, Insel	Polynesien
νίκη, w, níki, Sieg νικητής, m, nikitís, Sieger νικώ, v, nikó, (be)siegen/schlagen	Nicole, Niklas, Nikolaus
νομίζω, v, nomízo, denken/glauben νομική, w, nomikí, Rechtswissenschaft/Jura νόμισμα, n, nómisma, Währung/Münze νομοθεσία, w, nomoθessía, Gesetzgebung νόμος, m, nómos, Gesetz/Regel νομός, m, nomós, Präfektur	Astronom, Astronomie, astronomisch, autonom, Autonomie, Makroökonomie, makroökonomisch, Mikroökonomie, mikroökonomisch, Nomade, Numismatik, Ökonom, Ökonomie, ökonomisch
νουννός/νουννά, m/w, nunós/nuná, Pate, Patenonkel/Patin, Patentante	Nonne
νύφη, w, nífi, Braut/Schwiegertochter/Schwägerin	Nymphe

Ξ

ξεκινώ, v, xekinó, aufbrechen/losfahren/beginnen

Cineast, Cinema, Kinematik, Kinetik, kinetisch, Kino

ξενοδοχείο, n, xenoδochío, Hotel
ξένος, aj/m, xénos, fremd, ausländisch/Ausländer, Gast

Xenon, Xenophobie

ξεραίνω, v, xeréno, trocknen
ξηρά, w, xirá, Festland
ξηρασία, w, xirassía, Trockenheit/Dürre
ξηρός, aj, xirós, trocken/dürr

Elixier

ξίδι, n, xíδi, Essig
ξινός, aj, xinós, sauer

Dioxin, Dioxyd, Monoxid, Oxyd, Oxydation, oxydieren

ξύλο, n, xílo, Holz

Xylofon

Ο

οδηγία, w, oδiγía, Anweisung/Anleitung
οδηγός, m, oδiγós, Führer/Fahrer
οδηγώ, v, oδiγó, führen/fahren/anleiten
οδός, w, oδós, Straße/Weg

Anode, Diode, Episode, Exodus, Kathode, Methode, Methodik, methodisch, Methodist, methodistisch, Periode, periodisch, Synode

οικία, w, ikía, Haus
οικογένεια, w, ikoγénia, Familie
οίκος, m, íkos, Haus

Makroökonomie, makroökonomisch, Mikroökonomie, mikroökonomisch, Ökologe, Ökologie, ökologisch, Ökonom, Ökonomie,

↪	ökonomisch, Ökumene, ökumenisch
όλος, aj, ólos, ganz	Holocaust, Hologramm, Katholik, katholisch, Katholizismus
ομάδα, w, omáđa, Gruppe/Mannschaft/Truppe ομαλός, aj, omalós, eben/normal/reibungslos/regelmäßig ομιλία, w, omilía, Sprache/Rede/Sprechweise/Gespräch όμιλος, m, ómilos, Verein/Gesellschaft/Club (ο)μιλώ, v, (o)miló, sprechen/reden/sich unterhalten όμοιος, aj, ómios, gleich/ähnlich ομόνοια, w, omónia, Eintracht/Einigkeit	homogen, Homogenität
όνομα, n, ónoma, Name ονοματεπώνυμο, n, onomatepónimo, Vor- und Nachname	anonym, Anonymität, Pseudonym, synonym, Synonym
όραμα, n, órama, Vision/Traum όραση, w, órassi, Sehvermögen ορατός, aj, oratós, sichtbar	Panorama, Theoretiker, theoretisch, Theorie
οργανισμός, m, orγanismós, Organisation/Organismus όργανο, n, órγano, Organ/Instrument/Apparat οργανώνω, v, orγanóno, organisieren οργάνωση, w, orγánossi, Organisation	anorganisch, Mikroorganismus, Organ, Organigramm, Organisation, Organisator, organisatorisch, organisch, organisieren, Organismus, Organist, Orgel
όρθιος, aj, órθios, aufrecht/stehend ορθός, aj, orθós, aufrecht/gerade/richtig	orthodox, Orthodoxie, Orthografie, orthografisch, Orthopäde, Orthopädie, orthopädisch
ορίζοντας, m, orízondas, Horizont οριζόντιος, aj, orizóndios, waagrecht/horizontal ορίζω, v, orízo, festsetzen/definieren/bestimmen όριο, n, ório, Grenze ορισμένος, aj, orisménos, bestimmter οριστικός, aj, oristikós, endgültig/definitiv	Horizont, horizontal, Horizontale
ορκίζομαι, v, orkízome, schwören όρκος, m, órkos, Eid/Schwur	Exorzist

ορμή, w, ormí, Schwung/Antrieb/Ansturm/Angriff ορμώ, v, ormó, stürmen/sich stürzen	Hormon
όρος, m, óros, Bedingung	Horizont, horizontal, Horizontale
ουρανός, m, uranós, Himmel	Uran

Π

παιδεία, w, peδía, (Aus)Bildung/Erziehung(swesen) παιδεύω, v, peδéwo, quälen/sich bemühen παιδί, n, peδí, Kind παίζω, v, pézo, spielen παίκτης, m, péktis, Spieler παιχνίδι, n, pechníδi, Spielzeug/Spiel	Enzyklopädie, Logopäde, Orthopäde, Orthopädie, orthopädisch, Pädagoge, Pädagogik, pädagogisch, Pedant, pedantisch
πάντα, av, pánda, immer πάντοτε, av, pándote, immer/stets παντού, av, pandú, überall	Panorama
παπάς, m, papás, Priester/Pfarrer παππούς, m, papús, Großvater/Opa	Papst
παρά, p, pará, neben/trotz/gegen/vor	paradox, Paragraf, parallel, Parallele, Parallelogramm, Parameter, Parodie, parodieren, Parodontose
παρδαλός, aj, parδalós, bunt (gescheckt)	Leopard
πατέρας, m, patéras, Vater πατρίδα, w, patríδa, Vaterland/Heimat	Patriarch, patriarchalisch, Patriarchat
παύλα, w, páwla, Binde-, Gedankenstrich παύω, v, páwo, aufhören/einstellen/entlassen	Pause, pausieren
πείρα, w, píra, Erfahrung πειράζω, v, piráζo, ärgern/schaden/aufregen/stören/verletzen/belästigen πείραμα, n, pírama, Experiment/Versuch	Pirat, Piraterie
πέλαγος, n, pélaγos, Meer	Archipel
πέντε, nu, pénde, fünf	Pentagon

περί, p, perí, (her)um/über/für	Periode, periodisch
πέτρα, w, pétra, Stein	Peter, Petersilie, Petra, Petroleum
πετρέλαιο, n, petréleo, Erdöl/Petroleum	Petroleum
πίνακας, m, pínakas, (Schalt)Tafel/Tabelle/Verzeichnis/ Gemälde	Pinakothek
πιπέρι, n, pipéri, Pfeffer πιπεριά, w, piperiá, Paprika	Paprika, Peperoni, Pfeffer, Pfifferling
πλαγιά, w, playiá, Abhang πλάγιος, aj, pláyios, schräg/indirekt/unlauter/Neben- πλάι, av, plái, neben	Plagiat
πλατεία, w, platía, Platz πλάτη, w, pláti, Rücken/Schulter(blatt)/Rückenlehne πλάτος, n, plátos, Breite/Weite πλατύς, aj, platís, breit/weit/eingehend	Platane, Plateau, Platin, Platine, platt, Platte, plätten, Plattitüde, Platz, Plätzchen, platzieren
πλένω, v, pléno, waschen/putzen/spülen πλέω, v, pléo, fahren/segeln/schwimmen	Plutonium
πληγή, w, pliyí, Wunde/Plage	Plage, plagen
πλοίο, n, plío, Schiff πλούσιος, aj, plússios, reich/teuer/reichlich πλούτος, m, plútos, Reichtum	Plutonium
πνεύμα, n, pnéwma, Geist πνευμόνι(α), n(pl), pnewmóni(a), Lunge(n) πνευμωνία, w, pnewmonía, Lungenentzündung πνέω, v, pnéo, wehen/blasen πνοή, w, pnoí, Hauch/Atemzug/Inspiration	Pneumatik, pneumatisch
ποδήλατο, n, poδílato, Fahrrad πόδι, n, póδi, Fuß/Bein ποδιά, w, poδiá, Schürze	Podest, Podium
ποδόσφαιρο, n, poδósfero, Fußball	Atmosphäre, Biosphäre, Hemisphäre, Podest, Podium, Sphäre
ποίημα, n, píima, Gedicht ποίηση, w, píissi, Dichtung/Poesie ποιητής, m, piitís, Dichter/Schöpfer	Poesie, Poet, poetisch
πόλεμος, m, pólemos, Krieg/Kampf πολεμώ, v, polemó, Krieg führen/(be)kämpfen/sich bemühen	Polemik, polemisch

πόλη, w, póli, Stadt πολίτης, m, polítis, Bürger/Zivilist πολιτισμός, m, politismós, Kultur/Zivilisation	Agrarpolitik, Kosmopolit, Metropole, Metropolis, Metropolit, Neapel, Poliklinik, Politesse, Politik, Politiker, Politikum, politisch, Polizei, Polizist
πολύ, av, polí, viel/lange πολύς, aj, polís, viel	Polynesien
πόρος, m, póros, Furt/Passage/Pore	Bosporus, Pore, porös
ποτάμι, n, potámi, Fluss	Hippo(potamus), Mesopotamien
πουλώ, v, puló, verkaufen	Monopol, Monopolist, Monopoly
πράγμα, n, práγma, Sache/Ding πραγματικός, aj, praγmatikós, wirklich/echt/wahr/real πραγματικότητα, w, praγmatikótita, Wirklichkeit/Realität πράξη, w, práxi, Tat/Übung/Praxis πράττω, v, práto, tun/handeln	pragmatisch, Pragmatismus, Praktik, praktikabel, Praktikabilität, Praktikant, Praktiker, Praktikum, praktisch, praktizieren, Praxis
προ, p, pro, vor	pro, Prognose, prognostizieren, Programm, Programmatik, programmatisch, programmieren, Programmierer, Prolog, prophylaktisch, Prostata, Protein, Prothese, Protokoll, protokollarisch, protokollieren, Proton, Prototyp
προδότης, m, proδótis, Verräter	dosieren, Dosis
προς, p, pros, nach	pro, Prognose, prognostizieren, Programm, Programmatik, programmatisch, programmieren, Programmierer, Prolog, prophylaktisch, Prostata, Protein, Prothese, Protokoll, protokollarisch,

↪	protokollieren, Proton, Prototyp
προστασία, w, prostassía, Schutz προστατεύω, v, prostatéwo, (be)schützen/fördern προστάτης, m, prostátis, Beschützer/Prostata	Prostata
προτού, av, protú, bevor	pro, Prognose, prognostizieren, Programm, Programmatik, programmatisch, programmieren, Programmierer, Prolog, prophylaktisch, Prostata, Protein, Prothese, Protokoll, protokollarisch, protokollieren, Proton, Prototyp
προφυλακτικό, n, profilaktikó, Kondom/Präservativ	prophylaktisch
πρώτος, aj, prótos, erster πρωί, av/n, proí, früh, morgens/Morgen	pro, Prognose, prognostizieren, Programm, Programmatik, programmatisch, programmieren, Programmierer, Prolog, prophylaktisch, Prostata, Protein, Prothese, Protokoll, protokollarisch, protokollieren, Proton, Prototyp
πτώμα, n, ptóma, Leiche πτώση, w, ptóssi, Fall/(Ab-, Ein)Sturz	Symptom, Symptomatik, symptomatisch
πυξίδα, w, pixída, Kompass/Büchse/Dose	Box, Buchse, Büchse
πυρετός, m, piretós, Fieber	Pyrotechnik, Pyrotechniker
πυρκαγιά, w, pirkayiá, Brand	Holocaust, Pyrotechnik, Pyrotechniker
πυροσβεστική, w, piroswestikí, Feuerwehr	Pyrotechnik, Pyrotechniker
πώληση, w, pólissi, Verkauf πωλητής, m, politís, Verkäufer	Monopol, Monopolist, Monopoly

Ρ

ράβω, v, ráwo, nähen ράφτης, m, ráftis, Schneider	Rhapsodie
ρεύμα, n, réwma, Strom/Strömung/Luftzug ρέω, v, réo, fließen	Hämorride, Katarr, Kater (Unwohlsein), Rheuma, rheumatisch
ρίγανη, w, ríγani, Oregano	Oregano
ρίζα, w, ríζa, Wurzel	Risiko, riskant, riskieren
ρόδο, n, róδo, Rose	Rhododendron, Rose
ροή, w, roí, Fluss/Lauf	Hämorride, Katarr, Kater (Unwohlsein), Rheuma, rheumatisch
ρόμβος, m, rómwos, Raute/Kreisel	Rumba
ρυάκι, n, riáki, Bach	Hämorride, Katarr, Kater (Unwohlsein), Rheuma, rheumatisch
ρύζι, n, ríζi, Reis	Reis, Risotto

Σ

σακάκι, n, sakáki, Jackett/Sakko σάκος, m, sákos, Sack/Beutel σακούλα, w, sakúla, Tüte	Sack, Säckel, Sakko
σαύρα, w, sáwra, Eidechse/Saurier	Dinosaurier, Saurier
σβήνω, v, swíno, löschen σβηστήρα, w, swistíra, Radiergummi	Asbest
σεβασμός, m, sewasmós, Achtung/Respekt/Ehrfurcht σεβαστός, aj, sewastós, respektabel/anerkennenswert σέβομαι, v, séwome, respektieren/achten/(ver)ehren	Bastian, Sebastian
σεισμός, m, sismós, Erdbeben	Seismograf, Seismologe
σέλινο, n, sélino, Sellerie	Petersilie

σινεμά, n, sinemá, Kino	Cineast, Cinema, Kinematik, Kinetik, kinetisch, Kino
σιτάρι, n, sitári, Weizen/Getreide	Parasit
σίφουνας, m, sífunas, Wirbelwind/Sturm	Siphon
σκέφτομαι, v, skéftome, (nach)denken/überlegen/ sich vorstellen/erwägen σκέψη, w, sképsi, Denken/Gedanke/Überlegung	Skepsis, skeptisch
σκηνή, w, skiní, Zelt/Bühne/Szene σκηνοθεσία, w, skinoθessía, Regie	Szenario, Szene, Szenerie
σκληρός, aj, sklirós, hart/grausam	Skelett, skelettieren, Sklerose
σκοπεύω, v, skopéwo, zielen/vorhaben/anvisieren σκοπός, m, skopós, Ziel/Zweck/Melodie/Wache	Demoskopie, Elektronenmikroskop, Horoskop, Kaleidoskop, Mikroskop, mikroskopisch, Stethoskop
σουπιά, w, supiá, Tintenfisch/Sepia	Sepia
σουσάμι, n, sussámi, Sesam	Sesam
σοφία, w, sofía, Weisheit σοφός, aj, sofós, weise/gelehrt	Philosoph, Philosophie, philosophieren, philosophisch, Sophie
σπάζω, v, spázo, (zer)brechen/knacken	Spastiker, spastisch
σπαθί, n, spaθí, Schwert	Spachtel, spachteln, Spatel
σπαράγγι, n, sparángi, Spargel	Spargel
σπασμένος, aj, spasménos, zer-, gebrochen	Spastiker, spastisch
σπείρα, w, spíra, Spirale/Bande (Personen)	Spirale
σπέρνω, v, spérno, säen/verbreiten	Diaspora, Sperma, sporadisch
σπήλαιο, n, spíleo, Höhle/Grotte σπηλιά, w, spiliá, Höhle	Spelunke
σπλήνα, w, splína, Milz	Spleen
σποραδικός, aj, sporaδikós, sporadisch σπόρος, m, spóros, Samen/Kern/Keim	Diaspora, Sperma, sporadisch

στάδιο, n, stáδio, Stadion/Stadium	Anastasia, Ekstase, ekstatisch, Prostata, Stadion, Stadium, Statik, Statiker, statisch, Thermostat
στάζω, v, stázo, tropfen	Metastase, metastasieren, Stalagmit, Stalaktit
σταθμός, m, staθmós, Bahnhof/Sender/Station/Etappe σταματώ, v, stamató, stoppen/aufhören/anhalten/abschalten στάση, w, stássi, Halt(estelle)/Stillstand/(Ein)Stellung/Haltung/Aufstand στέκομαι, v, stékome, stehen/stehen bleiben/sich hinstellen/ (still)halten	Anastasia, Ekstase, ekstatisch, Prostata, Stadion, Stadium, Statik, Statiker, statisch, Thermostat
στέλνω, v, stélno, senden/schicken	Apostel
στενός, aj, stenós, eng/schmal	Steno, Stenograf, Stenogramm
στερεός, aj, stereós, fest/solide/stabil/starr στεριά, w, steriá, Festland	Stereo, stereotyp, Stereotyp
στεφάνι, n, stefáni, Kranz/Reifen	Stefan, Stefanie, Steffen
στήθος, n, stíθos, Brust	Stethoskop
στηρίζω, v, stirízo, stützen	Stereo, stereotyp, Stereotyp
στιγμή, w, stiγmí, Augenblick/Moment	Stigma, stigmatisiert
στολή, w, stolí, Uniform/Tracht στολίζω, v, stolízo, schmücken στόλος, m, stólos, Flotte	Apostel
στουπί, n, stupí, Stopfen/Stöpsel στούπωμα, n, stúpoma, Stopfen/Stöpsel στουπώνω, v, stupóno, (zu)stopfen	Stop, stopfen, Stopfen, stoppen, Stöpsel
στραβός, aj, strawós, schief/falsch/blind/krumm	Apostroph, katastrophal, Katastrophe, Strippe, Strophe
στραγγαλίζω, v, strangalízo, erwürgen/erdrosseln στραγγίζω, v, strangízo, auspressen, -wringen/filtern	strangulieren

στρατιώτης, m, stratiótis, Soldat στρατός, m, stratós, Armee/Heer	Stratege, Strategie, strategisch
στρέφω, v, stréfo, drehen/wenden στρίβω, v, stríwo, drehen/abbiegen στρόβιλος, m, strówilos, Wirbel/Strudel/Wirbelwind/Turbine στροφή, w, strofí, Kurve/Drehung/Wende/Strophe	Apostroph, katastrophal, Katastrophe, Strippe, Strophe
στρώνω, v, stróno, ausbreiten/pflastern/decken	Stratege, Strategie, strategisch
σύγχρονος, aj, sínhronos, gleichzeitig/heutig/modern	asynchron, Chronik, chronisch, Chronist, Chronograf, Chronologie, chronologisch, synchron, Synchronisation, synchronisieren
συλαμβάνω, v, silamwáno, fangen/verhaften/fassen/festnehmen/begreifen συλλαβή, w, silawí, Silbe συλλαβίζω, v, silawízo, buchstabieren/trennen	Silbe
συμφωνία, w, simfonía, Übereinstimmung/Vereinbarung/Abkommen/Sinfonie συμφωνώ, v, simfonó, übereinstimmen/einig sein	Sinfonie
συν, p, sin, plus	Asymmetrie, asymmetrisch, Fotosynthese, Sinfonie, Symbiose, Symmetrie, symmetrisch, Synagoge, synchron, Synchronisation, synchronisieren, Syndikat, Syndikus, Syndrom, Synergie, Synode, synonym, Synonym, Syntax, Synthesizer, Synthetik, synthetisch
συνταγή, w, sindayí, Rezept σύνταγμα, n, síndayma, Verfassung σύνταξη, w, síndaxi, Rente/Redaktion/Verfassen/Syntax	Syntax, Taktik, taktisch
σφαίρα, w, sféra, Kugel/Bereich	Atmosphäre, Biosphäre, Hemisphäre, Sphäre

σφάλμα, n, sfálma, Fehler	Asphalt
σχεδιάζω, v, sheδiázo, zeichnen/entwerfen/vorhaben/skizzieren σχέδιο, n, shéδio, Zeichnung/Entwurf/Plan/Muster σχεδόν, av, sheδón, fast/beinahe/ziemlich	Skizze, skizzieren
σχολείο, n, sholío, Schule σχολιάζω, v, sholiázo, kommentieren/erläutern/kritisieren σχόλιο, n, shólio, Kommentar/Anmerkung	Schule
σώμα, n, sóma, Körper/Körperschaft/Korps/Heizkörper σωματείο, n, somatío, Verein/Verband	Chromosom, psychosomatisch, somatisch

T

τακτικός, aj, taktikós, geregelt/ordentlich/regulär/regelmäßig τακτοποιώ, v, taktopió, regeln/ordnen τάξη, w, táxi, Ordnung/Reihenfolge/Klasse/Rang ταξί, n, taxí, Taxi ταξιδεύω, v, taxiδéwo, reisen ταξίδι, n, taxíδi, Reise	Syntax, Taktik, taktisch
ταχυδρομείο, n, tachiδromío, Post(amt) ταχυδρόμος, m, tachiδrómos, Postbote/Briefträger ταχύς, aj, tachís, schnell/beschleunigt ταχύτητα, w, tachítita, Geschwindigkeit/Schnelligkeit/Gang (Auto)	Tacho(meter)
τέχνη, w, téchni, Kunst/Handwerk/Kniff τεχνητός, aj, technitós, künstlich	Architekt, architektonisch, Architektur, Biotechnologie, Pyrotechnik, Pyrotechniker, Technik, Techniker, technisch, Techno, Technologie, technologisch, Tektonik, tektonisch
τηλεόραση, w, tileórassi, Fernsehen/Fernseher	Panorama, Theoretiker, theoretisch, Theorie

τομή, w, tomí, Schnitt(punkt)/Zäsur τόμος, m, tómos, Band (m)	Anatomie, Atom, Atomenergie
τονίζω, v, tonízo, betonen	Bariton, isotonisch, monoton, Monotonie, Ton, tönen
τόννος, m, tónos, Tunfisch	Tunfisch
τόνος, m, tónos, Ton/Nachdruck/Schwung/Spannung/Akzent τονώνω, v, tonóno, stärken/kräftigen	Bariton, isotonisch, monoton, Monotonie, Ton, tönen
τόξο, n, tóxo, Bogen Τοξότης, m, toxótis, Schütze (Sternzeichen)	toxisch
τοπικός, aj, topikós, örtlich τοπίο, n, topío, Landschaft τόπος, m, tópos, Ort/Platz/Gegend	Biotop, Topograf, Topografie, topografisch, Utopie, utopisch
τραγανός, aj, trayanós, knusprig τράγος, m, tráyos, Ziegenbock	Tragik, tragisch, Tragödie
τραγούδι, n, trayúδi, Lied τραγουδιστής, m, trayuδistís, Sänger τραγουδώ, v, trayuδó, singen	Melodie, Melodik, melodisch, Melodram, Ode, Parodie, parodieren, Rhapsodie, Tragik, tragisch, Tragödie
τράπεζα, w, trápeζa, Bank (Kreditinstitut) τραπέζι, n, trapéζi, Tisch	Trapez
τραύμα, n, tráwma, Verletzung/Trauma τραυματίζω, v, trawmatíζo, verletzen/verwunden	Trauma, traumatisch
τρείς/τρία, nu, tris/tría, drei	Triathlet, Triathlon, Trigonometrie, Trilogie, Tritium
τρέχω, v, trécho, laufen/fließen	Trochäus
τριαντάφυλλο, n, triandáfilo, Rose	Chlorophyll
τρίγωνο, n, tríyono, Dreieck Τρίτη, w, tríti, Dienstag	Triathlet, Triathlon, Trigonometrie, Trilogie, Tritium
τριφύλλι, n, trifíli, Klee	Chlorophyll
τρόπος, m, trópos, Art/Verfahren	Tropen, Trophäe, tropisch

τροχίζω, v, trochíζo, schleifen/schärfen τροχός, m, trochós, Rad	Trochäus
τσίρκο, n, tsírko, Zirkus	Bezirk, Zirkel, zirkeln, zirkulieren, Zirkus
τυπικός, aj, tipikós, förmlich/typisch τύπος, m, típos, Typ/Form/Muster/Presse τυπώνω, v, tipóno, drucken/prägen	atypisch, Prototyp, stereotyp, Stereotyp, Typ, Type, typisch, typisieren
τυρί, n, tirí, Käse	Butter
τυφώνας, m, tifónas, Taifun	Taifun
τύψη, w, típsi, Gewissensbiss	atypisch, Prototyp, stereotyp, Stereotyp, Typ, Type, typisch, typisieren

Υ

υγεία, w, iγía, Gesundheit υγιής, aj, iγiís, gesund	Hygiene, hygienisch
υπέρ, p, ipér, über/für υπερβάλλω, v, iperwálo, übertreffen/übertreiben υπερβολή, w, iperwolí, Übertreibung/Maßlosigkeit/Hyperbel υπερβολικός, aj, iperwolikós, übermäßig/übertrieben	Hyperbel
υπνοδωμάτιο, n, ipnoδomátio, Schlafzimmer ύπνος, m, ípnos, Schlaf	Hypnose, Hypnotiseur, hypnotisieren
υπό, p, ipó, unter	Hypochonder, hypochondrisch, Hypophyse, Hypothek, Hypothese, hypothetisch
ύστερα, av, ístera, nach(her)/später/dann	Hysterie, hysterisch

Φ

φαίνομαι, v, fénome, (er)scheinen φαινόμενο, n, fenómeno, Phänomen φανάρι, n, fanári, Laterne/Scheinwerfer/Ampel φαντάζομαι, v, fandáζome, sich vorstellen/sich einbilden φαντασία, w, fandassía, Phantasie φάντασμα, n, fándasma, Gespenst φανταστικός, aj, fandastikós, phantastisch/imaginär/fiktiv	Phänomen, phänomenal, Phantasie, phantasieren, phantastisch, Phantom
φαρμακείο, n, farmakío, Apotheke φαρμάκι, n, farmáki, Gift φάρμακο, n, fármako, Medikament/Arznei/Medizin	Pharmazeut, Pharmazeutik, pharmazeutisch
φέρετρο, n, féretro, Sarg φέρνω, v, férno, bringen/holen	Amphore, Euphorie, euphorisch, Metapher, Phosphor
φήμη, w, fími, Ruf/Ansehen/Gerücht	Blasphemie, blasphemisch
φιλενάδα, w, filenáδa, Freundin φίλη, w, fíli, Freundin φιλί, n, filí, Kuss φιλία, w, filía, Freundschaft φιλικός, aj, filikós, freundschaftlich/freundlich/gastlich	Philanthrop, Philharmonie, Philharmoniker, philharmonisch, Philipp, Philologe, Philologie, philologisch, Philosoph, Philosophie, philosophieren, philosophisch
φιλοξενία, w, filoxenía, Gastfreundschaft	Xenon, Xenophobie
φίλος, m, fílos, Freund φιλώ, v, filó, küssen	Philanthrop, Philharmonie, Philharmoniker, philharmonisch, Philipp, Philologe, Philologie, philologisch, Philosoph, Philosophie, philosophieren, philosophisch
φοβάμαι, v, fowáme, Angst haben/sich fürchten φόβος, m, fówos, Angst/Furcht	Xenophobie

φορά, w, forá, Mal (Zeitpunkt) φόρεμα, n, fórema, Kleid/Kleidungsstück φόρος, m, fóros, Steuer/Gebühr φορτηγό, n, fortiγó, Lastwagen/Frachter φορτώνω, v, fortóno, (be)laden/aufbürden φορώ, v, foró, anziehen/tragen	Amphore, Euphorie, euphorisch, Metapher, Phosphor
φράγμα, n, fráγma, Sperre/Zaun/Staudamm φράζω, v, fráζo, einzäunen/versperren/verstopfen	Diaphragma, Phrase
φτερό, m, fteró, Flügel (Vogel, Flugzeug)/Feder (Vogel)/ Kotflügel	Helikopter
φύλακας, m, fílakas, Wächter φυλακή, w, filakí, Gefängnis φυλάω, v, filáo, bewachen/beschützen/aufpassen/ (auf)bewahren	prophylaktisch
φύλλο, n, fílo, Blatt	Chlorophyll
φύση, w, físsi, Natur/Wesen/Beschaffenheit φυτεύω, v, fitéwo, (be-, ein)pflanzen φυτό, n, fitó, Pflanze/Gewächs φυτρώνω, v, fitróno, sprießen/keimen/wachsen/auftauchen	Astrophysik, Hypophyse, impfen, Impfung, Metaphysik, Physik, physikalisch, Physiker
φωνάζω, v, fonáζo, rufen/schreien φωνή, w, foní, Stimme	Fon, Fonetik, fonetisch, Grammofon, Megafon, Mikrofon, Sinfonie, Xylofon
φώς, n, fos, Licht φωτιά, w, fotiá, Feuer/Brand φωτίζω, v, fotíζo, (be-, er)leuchten/aufklären φωτοτυπία, w, fototipía, Fotokopie	Foto, fotogen, Fotograf, Fotografie, fotografieren, fotografisch, Fotosynthese, Phosphat, Phosphor

X

χαιρετώ, v, heretó, (be)grüßen χαίρομαι, v, hérome, sich freuen	Charisma, charismatisch, Eucharistie
χαμομήλι, n, hamomíli, Kamille/Kamillentee χαμηλός, aj, hamilós, niedrig/tief/leise	Chamäleon, Kamille
χάνω, v, háno, verlieren/verpassen/versäumen	Chaos, Chaot, chaotisch

χαρά, w, hará, Freude	Charisma, charismatisch, Eucharistie
χαράζω, v, harázo, (ein)kerben/(ein)gravieren/einschneiden	Charakter, charakterisieren, Charakteristikum, charakteristisch
χάρη, w, hári, Anmut/Charme/Dank/Gefallen (m) χαρίζω, v, harízo, schenken χαρούμενος, aj, harúmenos, fröhlich/froh	Charisma, charismatisch, Eucharistie
χάρτης, m, hártis, Landkarte/Charta χαρτί, n, hartí, Papier/Dokument χαρτομάντηλο, n, hartomándilo, Papiertaschentuch χαρτόνι, n, hartóni, Pappe/Karton	Cartoon, Charta, Charter, chartern, Karte, Kartei, Kartell, Kartografie, kartografisch, Karton, Kartonage, kartoniert, Kartusche
χειρίζομαι, v, hirízome, bedienen/handhaben/betätigen/umgehen/behandeln χειροκροτώ, v, hirokrotó, (be)klatschen/applaudieren χειρόφρενο, n, hirófreno, Handbremse χέρι, n, héri, Hand/Arm/Henkel/Griff	Chirurg, Chirurgie, chirurgisch, Neurochirurg
χίλια, nu, hília, Tausend	Kilo, Kilogramm, Kilometer
χλωρός, aj, hlorós, grün χολή, w, holí, Galle	Chlor, Chlorid, chlorieren, Chlorophyll, Cholera, Choleriker, cholerisch, Cholesterin, Koller, Melancholie, melancholisch
χοντρός, aj, hondrós, dick	Hypochonder, hypochondrisch
χορδή, w, horδí, Saite/Sehne	Akkord, Akkordeon, Cord, Kordel
χορεύω, v, horéwo, tanzen χορός, m, horós, Tanz/Ball χορωδία, w, horoδía, Chorgesang/Choral/Chor	Chor, Choreograf, Choreografie

χρίζω, v, hrízo, salben/einschmieren χριστιανός, aj, hristianós, Christ Χριστός, m, hristós, Christus	Antichrist, Christ, Christa, Christentum, Christian, Christiane, christianisieren, Christina, Christine, christlich, Christus
Χριστούγεννα, n/pl, hristúγena, Weihnachten	Antichrist, Antigen, Christ, Christa, Christentum, Christian, Christiane, christianisieren, Christina, Christine, christlich, Christus, Eugen, fotogen, Gen, Genetik, genetisch, Genre, Halogen, homogen, Homogenität, Kollagen
χρόνος, m, hrónos, Zeit/Jahr/Takt	asynchron, Chronik, chronisch, Chronist, Chronograf, Chronologie, chronologisch, synchron, Synchronisation, synchronisieren
χρυσός, aj/m, hrissós, golden/Gold	Chrysantheme
χρώμα, n, hróma, Farbe	Chrom, Chromosom, monochrom
χύμα, av, híma, lose χυμός, m, himós, Saft χύνω, v, híno, (aus-, ver)gießen/(aus-, ver)schütten χύτρα, w, hítra, Kochtopf	Biochemie, biochemisch, Chemie, Chemikalie, Chemiker, chemisch

Ψ

ψάλλω, v, psálo, singen	Psalm, Psalter
ψέμα, n, pséma, Lüge ψευδής, aj, psewδís, falsch/unwahr/unehrlich/künstlich	Pseudonym
ψηλός, aj, psilós, hoch/groß	Ypsilon

ψυχή, w, psichí, Seele/Psyche	Psychiater, Psychiatrie, psychiatrisch, Psychologe, Psychologie, psychologisch, psychosomatisch

Ω

ώρα, w, óra, Stunde/Zeit ωραίος, aj, oréos, schön/gut ωρολόι, n, orolói, Uhr	Uhr, Horoskop

Ebenfalls bei Edition Tintenfaß:

64 Seiten,
kartoniert, mit allen Bildern
ISBN 3-9808205-3-X
ISBN 978-3-9808205-3-0

€ 9,50

Erhältlich in jeder Buchhandlung und beim Verlag

Edition Tintenfaß
Neckarsteinacherstraße 7
69239 Neckarsteinach
Tel. / Fax: +49 – 62 29 – 23 22
www.verlag-tintenfass.de

Mit einer neuen Übersetzung des Märchens ins Griechische!

104 Seiten
Hardcover
mit 20 Illustrationen

ISBN 3-937467-09-2
ISBN 978-3-937467-09-2

€ 13,95

Mit einer Übersetzung der »Geschichte vom fliegenden Robert« ins Griechische!

24 Seiten
Broschur
mit allen farbigen Abbildungen

ISBN 3-9808205-0-5
ISBN 978-3-9808205-0-9

€ 6,80